# 天 眞 之 旅

—— 武俠小說與科幻小說論文集

鄭 錠 堅 著

現代文學研究叢刊

文史哲出版社印行

國家圖書館出版品預行編目資料

天真之旅：武俠小說與科幻小說論文集 / 鄭錠堅著.--
初版--臺北市：文史哲，民 105.06
　　面：　公分.--（現代文學研究叢刊；47）
　　ISBN 978-986-314-306-2（平裝）


1.武俠小說　2.科幻小說　3.文學評論　4.文集


812.7　　　　　　　　　　　　105010297

## 現代文學研究叢刊　　47

# 天 眞 之 旅

## ── 武俠小說與科幻小說論文集

著　　　者：鄭　　　　　錠　　　　　堅
出 版 者：文　史　哲　出　版　社
　　　　　　http://www.lapen.com.tw
　　　　　　e-mail：lapen@ms74.hinet.net
登記證字號：行政院新聞局版臺業字五三三七號
發 行 人：彭　　　　　正　　　　　雄
發 行 所：文　史　哲　出　版　社
印 刷 者：文　史　哲　出　版　社
臺北市羅斯福路一段七十二巷四號
郵政劃撥帳號：一六一八○一七五
電話886-2-23511028・傳真886-2-23965656

### 實價新臺幣三六○元

二○一六年（民一○五）六月初版

# 天眞之旅
## —— 武俠小說與科幻小說論文集

# 目　　次

# 自序：原來這是一個關於
# 旅程的寓言……

　　這是一本幾年來教授「現代小說」課程所整理、發表的論文結集。

　　總共收錄了五篇論文，前三篇分析武俠，後二篇討論科幻，本來書名就應該直接取作「武俠小說與科幻小說的對話」或「當東方的武俠遇上西方的科幻」之類。但，等到實際進行編輯，卻驚訝的發現這五篇不同時間寫成的論文竟然擁有非常接近的主線！

　　原來，這五篇關於武俠與科幻的論文圍繞著一個共同的主題：天真之旅。天真心靈在悲辛世間的探尋之旅。

　　原來，這趟天真的旅程最終指向一個深邃、辯證的生命議題：天真與圓滿。天真與圓滿、孤島與樂土、初心與天心，兩者之間深深埋藏著悲欣交集的辯證關係。天真是不圓滿的圓滿，圓滿是圓滿的天真；天真是不成熟的圓滿，圓滿是已成熟的天真；天真是原型版，圓滿是升級版；天真是旭日東昇、青春首發的「見山是山」，圓滿是迂迴返歸、驀然回首的「見山是山」；沒有天真

的圓滿是城府深沉，沒有圓滿的天真是魯莽犯難；天真是本心，圓滿是道心；如果用人格分類學的術語，天真者是未成熟的魔法師，魔法師是已成熟的天真者。

原來，在整理這些小說作品的過程中，我真確的看到表面看似著重娛樂、通俗的武俠及科幻小說，其實有著更深層、嚴肅的生命關懷與人文意義。

原來，所有認真、深刻的武俠及科幻作品，其實都在訴說一個關於旅程的寓言、一個關於天真心靈的故事……

五篇論文中，第一篇〈從「內在英雄」人格分類學論析金庸小說的人物原型〉是讓金庸小說與「內在英雄」人格分類學兩者之間進行一次對話與整合。也等於是藉助兼具深度與通俗藝術魅力的金庸作品，去凸顯六個內在英雄的生命內容，更重要的是初步建立天真者與魔法師原型鮮明、深刻的形象、內涵、與圓義。

在第二篇〈天真心靈的沉落與超越〉裡，我們再度使用「內在英雄」這套軟體，這一次集中火力去分析《小王子》、《人子》、《俠客行》三部作品中的天真者原型。通過對這三部作品的分析與討論，我們整理出一個天真者圓型之旅的完整模式，原來天真心靈落在滄茫濁世是隱隱有著既定的宿命、考驗與路徑的。

在「內在英雄」人格原型中，天真者的對反形象是魔法師，或許可以這樣說：天真者展現的是人性中一份未圓滿的純粹真實，魔法師則象徵歷遍歲月滄桑之後已

圓滿的成熟深厚；不錯！魔法心靈正是天真心靈的一面鏡子。所以第三篇論文〈殘缺與圓滿〉即通過金庸與黃易兩位武俠名家的作品分析，嘗試處理不完美與完美、不圓滿與圓滿、悲劇文學與完美故事、現實與理想等等兩種截然不同的藝術典型與風格。然而，有一點值得注意的，在天真者與魔法師兩端之間，流浪者這個人格原型可能是一個重要的關鍵，流浪者的生命目標在「尋道」，這可能正是天真心靈與魔法世界中間的橋樑，但這道橋樑在兩極的世界中明顯有著不同的際遇與安排。

　　第四篇〈論析科幻小說《異鄉異客》的遊戲筆墨、深層結構與價值爭議〉開始討論科幻小說。《異鄉異客》是西方科幻文學的經典名著，其中的主角火星孤兒邁克剛到地球時正是處於天真者的狀態，但到了這趟地球之旅的最後，邁克蛻變成一位宗教大師，即進入了魔法心靈的階段。同時，小說還安排了另一位主角，邁克的養父朱巴爾，則是另一種型態的魔法師。總之，《異鄉異客》使用嘻笑怒罵、縱放自如的文筆，波瀾壯闊、情節複雜的結構，去經營一個精采的天真者與魔法師的故事，這是一部充滿黑色幽默又莊諧並重的難得佳作。

　　最後一篇〈從《戰爭遊戲》、《死者代言人》與《明日滅亡》的生命救贖及宗教關懷論析科幻小說的深層意義〉，則是分析西方及東方兩位小說家的三部作品。三部作品的兩位主角，不管是從剛開始心懷憤恨到最後矢志追尋終極真理，直到地球末日的正思；還是從掙扎求

生、心靈失落到成長茁壯的天才兒童安德；其實都是在講從沉落到超越的天真者之旅的故事。只是這三部探討天真之旅的科幻作品，字裡行間卻一直隱隱存在著揮之不去的悲情與哀傷。

其實不只這五篇論文所討論的小說，其他許許多多認真寫成的科幻及武俠作品，也都是一則一則關於「旅程」的寓言。譬如：溫瑞安的名作《刀叢裡的詩》與《逆水寒》講的正是一個關於純真、正直、夢想慘遭迫害而群俠給予援救的旅程。大陸作家趙晨光的新作《浩然劍》講的是一個孤獨心靈如何突破生命困境的悲辛之旅。科幻小說方面的例子也很多，艾西莫夫的「基地系列」描寫的是人類嘗試建立烏托邦世界的漫漫長途。同樣是艾西莫夫作品的《正子人》則是一個追尋人性的奮鬥旅程與寓言故事。克拉克的代表作《童年末日》描述的是一個為了追尋生命境界的突破而必須犧牲人類集體前途的悲劇之旅。又像台灣科幻前輩作家張系國的名著《棋王》，說的卻是一個純樸的天才心靈在滾滾紅塵被迫反璞歸真的歷練。甚至電影作品中，李安的《臥虎藏龍》也是一趟尋找生命目標與意義的旅程，而《駭客任務》系列則是一個在虛擬世界中尋找真實的故事。是的！許許多多的武俠與科幻作品訴說的正是一個一個關於天真之旅的寓言、一個一個關於「旅途」的故事。

作為分別淵源自中國文化及西方文化的本土藝術，除了在深層命題上有著非常接近的地方，武俠與科幻，

其實還有其他很契合、雷同的線索：第一，兩者在風格上都屬於浪漫主義文學；第二，兩者都是著重發揮想像力、創造力的文學類型；第三，兩者都是廣義的寓言小說；最後，兩者都是在非現實的故事表層下有著極現實的生命關懷。也許，這也正是文學藝術追求「深入淺出」的高明境界一個很好的典型與範例罷。是為序。

**鄭錠堅**
二〇〇九年八月十五日

# 從「內在英雄」人格分類學論析
# 金庸小說的人物原型

## 摘　要

　　人格分類學最重要的功能是「自我了解」，只有先行了解自我生命的強、弱、明、暗、長、短、優、劣、內、外、正、負、隱、顯、剛、柔，才能在熟知自我的基礎上，找到最適當的方便法門，進行生命修復及靈性擴展的工作。所以自我了解是最基礎的心靈工程。而「內在英雄」則正是一套很「好用」的人格分類學及自我了解技術。「內在英雄」根據對人性的觀察及西方神話學的基礎，將人的性格型態分類成六個「原型」，分別是：天真者、孤兒、殉道者、鬥士、流浪者、魔法師。每個原型各有不同的生命課題與涵義。

　　另方面，金庸小說擁有深厚的人文內涵，「刻畫人性」正是金庸小說一個重要的創作元素；加上金庸作品在華人閱讀圈裡流傳甚廣，小說中的人物經過文學作品及大眾媒體的傳播而廣為人知，深具融合深度與通俗的

藝術魅力，正好作為與「內在英雄」對話的一個良好工具。通過不同文化軟體的交鋒，嘗試激發出讀者對自我生命內容的深層思考。

　　所以本文的主題是要整合金庸小說人物與內在英雄原型的對話、照面、及溝通 ── 分析金庸小說裡人物的內在英雄原型。在整合及分析的過程中，我們發現了許多生命的奧秘：不管金庸作品與內在英雄都告訴我們人間充斥蒙塵受難的英雄啊！而且分析的結果隱隱指出英雄受苦的真正原因及解決方法。原來生命從圓滿的始點出發，中間經歷許許多多坎坷挫折的歷程，最後回到生命的原點，卻驚訝的發現，原來生命的終點即是生命的起點啊！生命苦難的解決方法就是生命本身！其中脈絡暗合了所謂「見山（水）是山（水），見山（水）不是山（水），見山（水）又是山（水）」的生命圓義 ── 原來生命是一個圓形的遊戲與航旅。金庸小說與內在英雄兩個東西方不同的文化軟體，都不約而同的印證了這一點生命的奧義。

**關鍵詞**：1、人格分類學　2、內在英雄　3、自我了解
　　　　　4、人格原型　　5、金庸小說

# 前言：交會的經驗

> 人類思想史中，最有成就的發展往往發生於兩種
> 不同路線的思潮交匯點上……可能在十分不同的
> 人類文化中，在不同的時間或不同的文化環境
> 中，或在不同的宗教傳統中；因此，如果實際上
> 會合了，即謂如果至少相互密切有關時，則可發
> 生一種真正的相互作用，於是，可望遂行一種新
> 穎而有趣味的發展了。

> W・海森堡[1]

　　從上面的引文，可以看到近代物理大師 W・海森堡說得很清楚：不同學說的交鋒不但不是一場災難，還是一個擴展人類心智的好機會！多年以來，筆者一直嘗試不同領域、學門、體系、及視野的交會研究，曾經做過儒家的行動哲學與生物學的反饋原理的交會[2]、老子哲學中文化原型的思考與理論物理中宇宙創生理論的交會[3]、以及詩哲泰戈爾與回教蘇菲宗的交會[4]等等的學術探

---

1　W・海森堡是「測不準原理」（uncertainty principle）的發現人。語
　　見物理學家卡普拉（Frifjof Capra）名著《物理之道》頁 20。（科技
　　圖書，民國 78 年 1 月初版。）
2　請參考拙文〈從「反饋原理」詮釋「事上磨鍊」的儒家家風〉。（《華
　　梵學報》，1997 年，第四卷第一期。」
3　請參考拙文〈「太極兩儀三才八卦論」的深層思考 —— 中國文化原
　　型的物理詮釋〉。（《萬竅 —— 中華大學通識教育學刊》第 1 期，
　　民國 94 年 5 月 1 日。）
4　請參考拙文〈《蘇菲之路》與《漂鳥集》的對話 —— 一句話的睿智

險。在本文，筆者再一次挑戰不同領域 ── 金庸小說（文學作品）及人格分類學（生命哲學）── 的溝通及交會，看看金庸小說人物與「內在英雄」相遇時，會迸發出怎麼樣的心智火花。

## 人格分類學與自我了解

　　金庸小說是筆者從童年即開始的難忘的閱讀經驗，人格分類學則是近年一個研究、學習的主題；這兩個領域對筆者來說，在感情上有一定的契合，在內容上也相當的熟悉。在兩者照面、對話之前，筆者讓兩位「主角」前後登場，以便先行分開感受金庸小說人物及內在英雄原型的不同風采及身姿。

　　先從人格分類學的意義談起。

　　用最簡單的話來說，所謂「人格分類學」：即根據不同的文化背景、學術原理、觀察心得，將人性內容分析成若干類型，進而通過分類、比較、組織的方法，讓分析者可以更鮮活、清晰、傳神、戲劇化的了解自己、了解人性。所以人格分類學是一個「了解」的工具。筆者大約花了十年的時間一一收集、累積、整理了十餘個大大小小不同的人格分類學與自我了解的工具，其中最為流行文化熟悉的便是「占星學」，這個人格分類學把人性內容分成基本的十二類；而本文所談的「內在英

與風流）。（《萬竅 ── 中華大學通識教育學刊》第 2 期，民國 94 年 11 月 1 日。）

雄」，則把人性內容分成六類。[5]

　　更進一步討論，可以發現學習人格分類學這個「工具」，有著下列四點功能或「理由」：

　1.了解自我 —— 最重要的理由

　　　人格分類學是內視心靈的學問，通過人格分類學了解自我是「知命」的工作，那是所有靈性成長的基礎。只有先行了解自我生命的強、弱、明、暗、長、短、優、劣、內、外、正、負、隱、顯、剛、柔，才能在熟知自我的基礎上，找到最適當的方便法門，進行生命修復及靈性擴展的工作。所以，了解自己，當然是最重要的理由。

　2.了解他人 —— 最溫暖的理由

　　　在了解自己的基礎上，進一步了解他人的內心世界，讓我們學會更同情、寬待、及包容朋友，也更了解人與人間溝通、互動、相容之道；所以，通過人 格分類學了解他人，當然是最溫暖的理由。

　3.了解人性 —— 最深刻的理由

　　　慢慢遞增了解自己與他人的經驗，於是愈來愈懂得人性及其根源，無不是宇宙大愛展現為不同的生命類型及性情世界；對人性的洞見，當然是學

---

5　本文所談的「內在英雄」人格分類學的內容皆出自卡蘿・皮爾森（Carol S Pearson）著《內在英雄》一書。（立緒，2000 年 7 月初版。）下文相同。

習人格分類學最深刻的理由。

4.人性建議 ── 最實用的理由

接著，從人性根源及人格類型對個別生命提出種種建議及看法，當然是最實用的理由了。

在四個理由中，筆者認為「自我了解」是最基礎、重大、關鍵的。我們通過人格分類學去了解自己，是非常重大的心靈動作與人生課題。筆者常常用「心靈照鏡子」的比喻來說明自我了解技術的意義，我們通過一面一面心靈的鏡子（一個一個人格分類學及自我了解的工具）來認識自己的內在，就像希臘哲人芝諾分尼說的：「如果我們不能解讀靈魂的語言，耳目所聞，都屬虛妄。」不了解內在的心，外在的世界也只是一個龐大的幻像。又像尼采說的：「閱讀自己比閱讀書本重要。」內在了解的重要凌駕客觀知識之上。不只西方，東方的老子也有相似的意見：「知人者智，自知者明。」這兩句話的意思是：了解別人是智者，了解自己才能點亮心中的「明燈」，點亮心中的明燈才能照亮人生的「明路」。所以自我了解能夠同時喚醒心靈（明燈）及指引人生（明路），同時照顧內在與外在，體用兼具，性命雙修。

自我了解，茲事體大啊！

總之，學習人格分類學，最重要是去發現、挖掘、了解內在自我的祕密花園；但，好的文學作品不也一樣反映人性，讓我們通過藝術的閱讀去反思內在的自我嗎？那麼，金庸小說不也一樣可以是心靈的鏡子及了解

自我的工具嗎？

## 金庸小說的性情天地

是的！好的藝術作品反映真實的人性。

深刻的藝術不但可以讓人洗滌靈魂，也可以激發閱讀者反思自我。捷克著名小說家米蘭・昆得拉說：「小說開始檢視『內在發生的事』」。[6]是的！好的小說邀請你討論人性的內在。

同樣的，金庸小說也是在反映人性、探討內在，只是反映、探討得更「隱微」罷了。（通過武俠寓言的方式來探討。）根據個人的閱讀經驗，筆者認為：「人性」，幾乎是金庸小說中一個最重要的創作元素。前輩學人談錫永先生即曾有一段意簡言賅的評論，比較平江不肖生、還珠樓主、及金庸三位武俠名家的小說作品的不同偏重：

> 如果平江不肖生是以異聞為小說支柱的話，則還珠樓主是以神話為小說的支柱，金庸則以人世的悲歡來作他底小說的支柱。[7]

金庸小說著重寫「人世的悲歡」，可見「人間化」、「人性化」是金庸小說的主題。當代學者曾昭旭先生在評論《神雕俠侶》時也曾經這樣說：

---

6 見米蘭・昆得拉（Milan Kundera）《小說的藝術》頁 11。（皇冠，2004 年 3 月初版。）

7 見三毛等著《諸子百家看金庸》頁 6。（遠流，1997 年 10 月再版。）

> 他（按：指金庸）以其廣博的史地與古典文學的
> 知識，以及對人性的深刻了解，能毫不費力地寫
> 出內容真實而豐潤，意境深沉而切理的作品。[8]
> 一方面欣悅於能從這部小說裡（按：指《神雕俠
> 侶》）看到一個如此系統完整的性情世界，足供
> 我去遊覽、品嚐、警惕、學習。一方面則深深感
> 激金庸將每一人物的性情，塑造描寫得如此恰合
> 情理，全無沒來由的硬湊，使我們讀完了，中懷
> 酣暢，了無耿耿，我知道，若非對人性體察深微，
> 是不易辦到的……[9]

「對人性的深刻了解」、「系統完整的性情世界」、「對人
性體察深微」 ── 可見曾先生也注意到金庸小說充分反
映出真切而深沉的人性天地。甚至金庸先生本人也一再
說明，「刻畫人性」才是他的小說創作裡最重要的靈魂：

> 道德規範、行為準則、風俗習慣等等社會性的行
> 為模式，經常隨著時代而改變，然而人的性格和
> 感情，變動卻十分緩慢。三千年前「詩經」中的
> 歡悅、哀傷、懷念、悲苦，與今日人們的感情仍
> 是並無重大分別。我個人始終覺得，在小說中，
> 人的性格和感情，比社會意義具有更大的重要性。
> 我一直希望做到，武功可以事實上不可能，人的
> 性格總應當是可能的。……世事遇合變幻，窮通

---

8 見曾昭旭《性情與文化》頁66。（時報文化，民國70年10月三版。）
9 同註8，頁89至90。

> 成敗，雖又關機緣氣運，自有幸與不幸之別，但
> 歸根結底，總是由各人本來性格而定。[10]
> 我寫武俠小說是想寫人性……政治情況很快就會
> 改變，只有刻畫人性，才有較長期的價值。[11]

可見金庸小說反映人性，作品中充滿著對人的性格及感情的描繪，理當可以作為一面澄澈的「心靈鏡子」；但，談到這裡，筆者必須提出一項個人的閱讀經驗：金庸小說太「甜美可口」了，可讀性太高，太引人入勝了；金庸小說有著一種「吸力」，吸引讀者跟著它跑，反而容易忽略掉其中深厚的人文內涵。因此，借助一些分析工具，幫助發現、詮釋其中的人性內蘊及生命原型，應該是有其必要的。

## 「內在英雄」的基本說明及同異比較

接下來，筆者介紹另一個即將與金庸小說對話的「主角」——「內在英雄」人格原型分類學。

「內在英雄」是卡蘿・皮爾森（Carol S Pearson）女士在其同名著作中所提出的一套人格分類學，其中包含了六種人格原型：天真者、孤兒、殉道者、鬥士、流浪者、魔法師。《內在英雄》一書被譽為是榮格心理學派的現代經典，內容廣泛融合榮格心理學、坎伯神話學、新時代運動、女性主義理論、以及真實生活經驗中的許

---

10 見《金庸作品集》之《神雕俠侶》後記。（遠流。）
11 見《金庸作品集》之《笑傲江湖》後記。（遠流。）

多深刻洞見，發展出一條喚醒內在沉睡英雄的心靈探索之旅。書中談的六種人格原型雖然淵源於西方神話的形象及含義，但內容仍然具有相當普遍性的人性意義及生命價值。筆者認為：這是一個相當「好用」的工具，分類簡明，但剖析深刻，對不同生命課題的悲辛與意義，闡說得既深邃又感人。一直以來，「內在英雄」都是筆者一個心愛的「了解」人性的工具。

　　首先要說明的一點是：原型只有不同，生命並無高低，每一個原型，都代表了一個生命的面相、潛質與可能；生命的可能性並沒有誰比較高貴的問題。

　　至於所謂「原型」的意義，原型指人類心靈中深刻的模式，力量強大而頑固[12]；不認識內在人格的「原型」，只能任其宰制；認識它們，便可以選擇反應的方法[13]。否定原型或內在自我，原型不會因此消失，相反的控制著我們，讓我們成為牢囚，而非解脫。肯定原型，原型基本上是友善的，幫助生命成長、意識進化。[14]

　　因此，根據人格原型及自我了解的觀點，什麼是英雄呢？「凡自我了解的，都是內在英雄。」你了解自己嗎？這是一趟需要鼓起勇氣去面對自己的英雄之旅。看清自己的內在，就是一個內在英雄！

　　在接著分析六種英雄原型的內容之前，必須先行了

---

12 同註 5，語出〈導論〉頁 25。
13 同註 5，語出〈原著初版序〉頁 19。
14 同註 5，語出〈導論〉頁 29。

解英雄之旅有不同的階段，而且男與女又各自展現不同的傾向與歷程：

男性的歷程：天真者→孤兒→ 鬥士 →流浪者→魔法師。

女性的歷程：天真者→孤兒→殉道者→流浪者→魔法師。

　　天真者是生命中一個很快消失的美好經驗，接著人開始感受到告別真理、生命分裂的痛苦，便陷入孤兒階段。為了掙脫孤兒被遺棄的痛苦，男人傾向走上鬥士的生命狀態，通過勇氣與力量的展示，企圖斬斷內心不安全的孤兒情結；女人則容易走上殉道者的生命狀態，因為傳統的文化及社會結構都教導女性扮演付出及服侍的角色，女人必須付出愛與關懷，犧牲自己，才能在大我群體中獲得地位，以換取安全，降伏內心悲辛的孤兒情懷。問題是：不管是展現勇氣或自我犧牲，都是外在行為，外在行為真能徹底解決內在的困難嗎？總之，男人在鬥士階段停留較長，而女人則在殉道者階段駐足久些。但更有勇氣的內在英雄，不論男女，還是會發現仍然無法找到真正的生命答案，於是毅然踏上流浪者的自我探索之路，歷盡考驗，踏遍內心的天涯海角，最終回返魔法師生命的整全合一。

　　到了魔法師這個層次，二元對立的世界觀開始崩解。孤兒太執著於安全感的追求，又假設生命應該只有歡樂和輕鬆，以致於無可避免的會害怕痛苦和災難的發生，魔法師則相信雖然我們會經驗到痛苦和災難，但我們仍然是安全的，痛苦和災難只是生命的一部分。同時，

魔法師也明白只給不取也是失衡的，其結果仍然是自私的表現。我們的功課在於照顧別人的同時也不要忘了照顧自己，自己和鄰人一樣需要我們的愛和關心。魔法師超越個人主義與從眾思想的對立，認為我們每個人都是獨特的，卻也是一體的。[15]

　　上面所談的歷程只是一個基本的模式，每個生命的道路當然有其本身的獨特性，不能一概而論。接下來，筆者根據卡蘿女士的著作，再加進筆者個人的意見，整理成下表，通過表列比較，對顯出六個人格原型的內容及同異。

### 「內在英雄」人格原型同異一覽表

| | 天真者 | 孤兒 | 鬥士 | 殉道者 | 流浪者 | 魔法師 |
|---|---|---|---|---|---|---|
| 生命主題 | 全然信任 | 對安全感的渴求 | 競爭心與勝利 | 自我犧牲與責任 | 探索 | 擁抱二元對立性 |
| 目標 | 無 | 安全 | 力量 | 善良 | 自主 | 整全合一 |
| 功課 | 墮落 | 希望 | 勇氣 | 放下 | 認同 | 喜悅信念 |
| 恐懼 | 失去天堂 | 被遺棄 | 軟弱 | 自私 | 順從 | 膚淺 |
| 本項人格原型能力太低的缺點及必須面對的生命課題 | 生命欠缺理想及價值 | 欠缺對外界求援的能力 | 欠缺競爭力 | 缺乏對別人的關愛 | 生命冒險的勇氣不夠 | 缺少了寬闊心胸與多元思考 |
| 關於「自我」與「無我」的生命課題 | 沒有自我。自我消失、融入於真理的整體經驗中 | 整體割裂、自我開始抬頭，感受到被真理遺棄或失愛的痛苦 | 通過戰勝他人來證明自我 | 通過犧牲自己來證明自我 | 進一步尋找、探索更深層的自我 | 自我逐漸解離，從自我慢慢回歸無我的整體經驗之中 |

---

15 同註 5，語出頁 8。

| 對人生困難、挑戰、壓力、痛苦的回應方式 | 不知人生負面經驗的存在與危險 | 等待救援 | 斬殺、對抗 | 捨己救人 | 逃離 | 統合與肯定 |
|---|---|---|---|---|---|---|
| 靈性或宗教經驗 | 不需要宗教，本身即在靈性經驗之中 | 需要神的救援及宗教導師的指引 | 重視精神鍛鍊，強勢讓別人接受自己的宗教或靈性觀念 | 認為受苦可以取悅上天及幫助別人 | 尋找上帝或真理的真義 | 尊重不同的信仰方式 |
| 學習狀態 | 不需要後天的學習 | 需要權威的解答 | 以競爭、成就和動機來學習 | 學習幫助他人 | 以自己的方式探索新觀念 | 多元、快樂的學習狀態 |
| 人際關係 | 沒有覺察他人的存在 | 需要關愛自己的人 | 改變、塑造他人以取悅自己 | 照顧他人 | 單打獨鬥、做自己 | 尊重差異、渴望朋友關係 |
| 情緒狀態 | 純潔與快樂 | 失控或麻木 | 自制、壓抑、亢奮 | 壓抑負面情緒以便不傷人 | 與孤獨感奮戰 | 寬容、開放、多元 |
| 工作態度 | 工作即遊戲 | 渴望簡單的生活，寧可不工作 | 擁有強烈的工作目標，期待回報 | 把工作視為艱辛、痛苦、但必要、利他的事情 | 通過工作追求個性發展 | 把工作本身視為回報 |
| 中國經典的聯想 | 自誠明，謂之性。（中庸） | 至人無己。（莊子） | 夫為不爭，故天下莫能與之爭。（老子） | 上善若水，水善利萬物而不爭；處眾人之所惡，故幾於道。（老子） | 君子慎獨。（大學） | 自明誠，為之教。（中庸） |

　　前頁一覽表的內容是根據卡蘿女士的原表[16]，再加

---

16 同註 5，見〈導論〉頁 27 及正文頁 28。

上筆者個人的看法及心得,整理而成。讀完之後,相信能夠幫助讀者對六種人格原型的內容與同異,建立起一個相當程度的了解。你有感受到你的生命比較接近哪一個人格原型的傾向嗎?在卡蘿女士的原著中,有詳細的問卷幫助讀者確定自己的主人格、副人格、弱勢人格等等是屬於何種的生命原型,有興趣的讀者請自行閱讀卡蘿女士的著作。事實上,即便不填問卷,僅僅是用心讀過前頁的一覽表,相信已經能夠讓你對自己的內在原型,隱隱激發點點的領悟與沉思。

看完一覽表之後,再一次提醒讀者,魔法師不必然好過孤兒,魔法師和鬥士都必須為他們的驕傲付出代價。當他們在能力和自信上有長進的時候,卻忘記人必得依賴他人和土地才能存活。[17]人格原型只是顯示不同的生命傾向,並沒有高低優劣的問題;即像一覽表中提到的,太過欠缺孤兒的生命成分,等於過份好強,失去對外界求援的能力,忘記人性之中除了有「個性」,也是有「群性」的寶貴資產的存在的。

跟著,在下文,我們進一步詳細分析六種人格原型的內裡乾坤。

## 「內在英雄」的六種人格原型分析

在本節,我們一一揭開六種「內在英雄」人格原型

---

17 同註 5,語出頁 27。

的深層祕密。

## （一）天真者的生命之祕

　　天真者活在一個尚未墮落的世界中。最接近這種經驗的是快樂的童年與浪漫的愛情，或者是天人合一的神祕經驗。[18]

　　天真者最大的優點是才氣、純真、合一、信任、與愛，但天真者最嚴重的缺失是幾乎完全缺乏負面生命經驗記錄系統，所以天真者的名字被命定為「受騙」或「苦難」。歷史上許多才氣橫溢但下場慘澹的天才，都印證了天真者的宿命。

　　天真者是兒童的自然狀態。但將這種狀況帶入成年則需要驚人的現世否定與自戀情結；天真者被迫要自己生活時會感到被遺棄、背叛、甚至迫害；但這是一個「幸運的墮落」，天真者重回人間，走出樂園，踏上英雄之旅。[19]

## （二）孤兒的生命之旅

　　父母本來應該是一棵「給予樹」，但孩子長大後慢慢發現父母其實是不完整的，世界並非想像中那麼美好。[20]

---

18 同註 5，語出頁 36。
19 同註 5，語出頁 37。
20 同註 5，語出頁 38。

孤兒是一個失望的理想主義者，主控情緒是恐懼。這個階段是如此的痛苦，孤兒只好用不同的麻醉劑來逃避：毒品、酒精、宗教、工作、消費、和盲目的娛樂、甚至是氾濫的感情。[21]

孤兒原型說的是一種喪失能力的感覺，嚴重缺乏安全感，渴望重回天真的原始狀態 —— 所有的需要都被慈愛的父親型或母親型人物照顧妥貼。孤兒甚至願意拋棄自主性與獨立性，來換取安全與關愛。孤兒要花漫長的時間學習信任和希望，孤兒最終的目的是學會自我信賴的功課。[22]

不同的孤兒會依賴政治的強人、運動、黨派、主義、公司、老闆、後台、或宗教，目的都是為了安全感的達成。孤兒的救援者不論是治療師、個案工作者、宗教或政治領袖，孤兒不能忍受任何對他們救援者的批評；無論孤兒生命中的其他思想是如何精緻細膩，但在等待救援這個部分，想法卻處於相當原始的階段，它的特色是絕對主義和二元思考。簡單的說，孤兒急於找到權威，並追隨他們。對於跟隨者和信仰者而言，凡是不在他們信仰中的事物，都是邪惡和錯誤的。如果萬一治療師、上師、長老、牧師、領袖、或愛人有缺點，都會引起孤兒極大的恐慌。對孤兒來說，自己毫無價值，而且相信為救援者犧牲生命或服侍他們以換取關愛，不但合乎邏

---

21 同註 5，語出頁 39。

22 同註 5，語出頁 40。

輯，更令人寬慰。[23]

　　天下沒有人可以完全不去經驗孤兒的階段，沒有此一經驗，人格的發展也不會完整。[24]孤兒指數太低的朋友，代表失去向外界求援的能力。

　　當然，幫助孤兒最基本的工具與方法是：愛 —— 個人或團體的關愛。但孤兒真正愛自己的方法，反而是離開愛，至少是離開對愛的依賴。

## （三）鬥士的生命之旅

　　鬥士認為：只要人有勇氣為自己而戰，是可以改變
　　　　　　世界的。[25]
　　鬥士是真正的攻擊主義者與主動主義者。
　　鬥士告訴自己內在的「孤兒」：我是來照顧你的。[26]
　　鬥士要改變環境以符合他們自己的需要與價值。[27]
對一般的鬥士來說，輸，會讓人感到羞恥。太多的軟心腸與希望，都會被鬥士看成是不合宜與幼稚。鬥士的思維是線性的、階級的、二元對立的。[28]

　　英雄們各自學習處理某項困難的經驗：孤兒處理無力感的問題；殉道者處理痛苦的問題；流浪者處理寂寞

---

23 同註 5，語出頁 48 至 50。
24 同註 5，語出頁 45。
25 同註 5，語出頁 104。
26 同註 5，語出頁 104。
27 同註 5，語出頁 107。
28 同註 5，語出頁 109 至 111。

的問題；而鬥士則學習面對恐懼的問題。[29]

　　但在更高層次的鬥士生命中，是愈強壯愈有信心，就愈不需要使用暴力，對別人和自己也會愈變愈溫柔。[30]鬥士，從舉起手臂防衛自己，到使用手臂攻擊他人，到最後，鬥士們發現：手臂是用來擁抱的。[31]

　　最高層次的鬥士發現：最後一個需要被擊倒的敵人，原來是內在好戰的自己。

## （四）殉道者的生命之旅

　　當孤兒尋求從痛苦中解脫，殉道者卻擁抱它，相信「痛苦」可以帶來救贖。[32]

　　殉道者的基本信念是：「我不是世上唯一的人。」[33]所以必須為其他人做些事。當殉道者發現其他人不遵守同樣的遊戲規則，他們往往會十分憤怒。他們自己要當好人，別人也應該是。

　　但事實是：犧牲常被用來掩飾怯懦，殉道者往往躲在善良無私面具背後，來逃避認識自我，這對個體的靈性發展是致命的傷害。[34]

　　殉道者容易忽略一個深層的生命事實：真正的愛必

---

29　同註 5，語出頁 114。
30　同註 5，語出頁 117。
31　同註 5，語出頁 135。
32　同註 5，語出頁 138。
33　同註 5，語出頁 139。
34　同註 5，語出頁 143

須同時包括「利己」與「利他」。要善於付出，也要善於接受，兩者缺一不可。如果能量並非雙向對流，那麼必然會出現問題。當我們學會施受並行，我們便能進入愛的一體雙向的流動之中。「自愛」與「他愛」並存，「同步現象」的奇蹟的確經常發生。[35]

對殉道者來說，最重要的生命功課是：平衡。愛的平衡！

### （五）流浪者的生命之旅

流浪者宣稱生命最重要的內涵不是痛苦，而是冒險。[36]

他們將穿戴已久，用來保證安全和取悅他人的社會角色拋掉，試圖去尋找自己，去探索自己真正想要的東西。流浪者把自己看成是反對社會常規的人，他們不信任教條式的答案，不信任來自權威的答案，而去尋找屬於自己的真理與道路。如果說「孤兒」的故事由天堂開始，那麼「流浪者」的故事就從囚禁中起步。[37]脫困，然後去流浪！

對於殉道者來說，急於探索似乎是自私和錯誤的，因為在追求了解自我與實現自我時，關愛與責任便被拋諸腦後；對鬥士而言，它看起來像是逃避和軟弱的行為；對孤兒來說，探索之旅似乎是無可言喻的危險！由於我

---

35　同註 5，語出頁 153 至 159。

36　同註 5，語出頁 72。

37　同註 5，語出頁 72 至 73。

們通常對自己和別人的重大改變感到害怕，所以可能會不讓萌芽的英雄走上探索之旅。我們要他們保持原狀不變，因為如果他們改變太劇烈的話，我們可能會害怕失去愛人、配偶、朋友、甚至父母；如果一向取悅服侍我的人突然拒絕這麼做，我們可能會感到威脅。通常女人的壓力更大，因為女人的角色自始便以哺育為責任來定義。女人常常會放棄她們的探索之旅，因為她們擔心傷害丈夫、孩子、或朋友。同樣的，許多男人也困在保護者的角色中，不敢走上自我探索的路，他們不僅覺得對孩子有責任，對看起來脆弱無法照顧自己的妻子也同樣有責任。其實一個真正愛她伴侶的男人，應該增強他伴侶獨立、競爭、與冒險的人格部分。男人每次都因為女人表面的無能和依賴而取消自己的旅程，一直成為僵化的保護者。其實，未發展出真正的自我之前，幫助別人是無益的；流浪者比較能夠忠於自己，他決定不論孤獨與孤立的代價多大，乃至於被社會放逐，也要做自己。[38]

不只男人喜將女性嬰兒化，實際上人與人之間常常扮演上對下、或下對上的關係，無法平等、真實的互動，即使在人群中，生命依然是孤獨的。對女性的流浪者來說，有時候：「離開丈夫是宇宙中唯一的主題。」她們當前的功課便是走進孤獨。[39]

我們都必須有一段孤獨的時光，以便認識自己；我

---

38 同註 5，語出頁 73 至 80。
39 同註 5，語出頁 79 至 83。

們每天都需要一段獨處的時間，才能保持心靈的清醒。[40]

　　流浪者階段的意義在於讓我們明白：「我們都是踽踽獨行者，每個人皆然。」生命的道路，必須自己走。我們愈是做自己，愈不會感到孤獨，因為擁有自己的人是不孤獨的。[41]

## （六）魔法師的生命之祕

　　魔法師擅於擁抱二元對立性。

　　魔法師是很有力量的，生命蛻變成魔法師之前，先要紓解自己的鬥士情結，不然，我們會誤用魔法師的優勢去試圖控制別人。為孤兒、流浪者、鬥士、和殉道者，我們總是把世間想像為充滿仇恨和危險的地方；然而，成了魔法師，我們將宇宙看成家鄉，一個友善招呼我們的地方；於是，我們又回復了天真者的心情。魔法師終結了鬥士和殉道者二元對立的世界觀，人和世界不是對立的，每一個人都可以用本來面目擁抱宇宙。[42]

　　從孤兒和殉道者的被害心態轉向流浪者追尋自我的態度，需要英雄們停止怪罪自己，不要繼續自我鞭打。從鬥士轉化為魔法師，則需要了解陰影確確實實是生命的一部分。承認陰影，而非指責、壓抑、或殺死它們。魔法師超越二元對立、好壞對錯的僵化觀念。魔法師真

---

40 同註 5，語出頁 85。

41 同註 5，語出頁 100 至 101。

42 同註 5，語出頁 164 至 166。

實知道：生命中被壓抑、不被允許成長的部分，經過矮化扭曲，反而會以黑暗或邪惡的形式顯露出來。人格中任何未得發展的特質都可能以相當恐怖的形式支配著我們，譬如：被壓抑的性慾可能以扭曲及怪異的能量形式出現 ── 暴力、強姦、性侵犯、施虐狂、色情文學。暴力大多源自被壓抑、不得伸張的自我。如果妖龍只是人們自己的陰影，是那些未被承認、未被愛過的部分，那麼，轉化它們唯一的方法就是將它們帶到陽光之下。[43]前提是先相信沒有人是錯誤、邪惡的，只是真實自我被壓抑，讓陰影操縱自己。本性必須被發掘、發展、有效的引導，而不是壓抑。英雄的任務是用愛去點燃世界 ── 從愛自己開始；生命是一體的，妖龍只是我們的陰影，是我們那尚未命名、還未被愛的部分。魔法師的角色要做的便是：一體承認生命中的明亮與黑暗。[44]

　　痛苦也是陰影的一部分，否認痛苦就會將它抓得更緊，能夠擁抱痛苦而重生的英雄，生命會變得更豐富。[45]對魔法師來說，每一件發生在我們身上的事情，都必須心懷敬意，哪怕是陰影與痛苦。

　　魔法師是生命第二度回歸天真狀態。可以這樣說：天真者是未成熟的魔法師，魔法師是已成熟的天真者。對任何墨守傳統、線性思考、及過分講究因果關係的人

---

43　同註 5，語出頁 169 至 171。
44　同註 5，語出頁 174 至 177。
45　同註 5，語出頁 182。

來說，魔法師看待世界的觀點簡直荒誕無比，對一般人的心思來說，魔法師跟傻瓜沒有兩樣。沒錯！他們就是傻瓜充滿智慧的傻瓜。找到魔法師的思考方式時，伴隨而來的經常是一聲大笑和豁然開朗的深刻感受。[46]

　　魔法師真正的目標，是發現真實的自己以及他人。魔法師願意開放與誠實，深刻呈現出脆弱的自己，每個當下絕對真實地做自己。這種英雄氣概不屬於那些努力證明自己價值的人，因為，這類人總是將自己繃得比原本的自己好些，也因此永遠有那麼一點兒不誠實。[47]

　　男人比較偏向鬥士氣質，女人比較偏向殉道者個性，魔法師卻是一個雌雄同體、整合兩端的人。[48]

　　但魔法師的力量要小心使用。除非我們完成了殉道者、流浪者、以及鬥士的功課，否則就難以避免魔法師力量的誤用。它可能用在逃避痛苦或滿足自我中心的事情上。[49]魔法師有黑有白，白魔法師是靈活，黑魔法師則是無恥。

　　進化的魔法師的行動就像一個造雨師，只要有他們在，成長就會發生，灑下生命之雨。魔法師知道，當你動手做的時候，世界即改變了，就好像著了魔法一般。[50]

　　我們一一分說過六種人格原型的定義、歷程、同異、與內容，也比較了解六種人格原型的深層意義，你覺得

---

46　同註5，語出頁184。
47　同註5，語出頁203。
48　同註5，語出頁209。
49　同註5，語出頁210。
50　同註5，語出頁214至215。

你的生命可能傾向哪一種的人格原型呢？接下來，可以讓金庸小說人物與「內在英雄」照面與對話了；也就是通過「內在英雄」這一個自我了解的軟體去分析金庸小說人物的人格原型。誰是天真者？誰是孤兒？誰又是鬥士？……分析之後，又可能翻譯出怎麼樣的文學義涵？甚至可不可能進一步幫助我們解讀更多、更深的生命密碼？

## 金庸小說人物的六種人格原型一覽表

終於可以讓本文的兩位「主角同台演出」了。本節採取先下整體結論，再作細部分析的做法，通過下頁的一覽表，可以看到筆者的分析結果 —— 金庸小說裡的主要人物，究竟是屬於六種人格原型中的哪一個分類。

在一覽表中，總共分析了金庸先生十一部主要的小說作品中五十八位主要人物[51]，分析對象的選擇標準以在小說故事中著墨較多、性格內涵較豐富的人物為討論範圍；其中為了方便討論，《倚天屠龍記》裡的武當七俠及《笑傲江湖》裡的梅莊四友、桃谷六仙以一人計算。在一覽表中，將這五十八位小說人物分類成天真者、孤兒、鬥士、殉道者、流浪者、及魔法師六種人格原型，

---

51 一覽表分析的金庸小說包括《書劍恩仇錄》、《碧血劍》、《射鵰英雄傳》、《神鵰俠侶》、《飛狐外傳》、《倚天屠龍記》、《連城訣》、《天龍八部》、《俠客行》、《笑傲江湖》及《鹿鼎記》，而不包括篇幅較短、較不重要的《雪山飛狐》、《白馬嘯西風》及《鴛鴦刀》。

跟你原先對金庸小說人物的設想是否一致呢？

　　另外還有一點需要說明：在下表中進一步將六種人格原型歸納成「傾向負面人生經驗的人物」及「傾向正面人生經驗的人物」兩大類；通過這種分類去理解金庸小說是有意義的，我們在最後的結論再詳細說明。至於所謂「傾向負面人生經驗的人物」，意思指該人物在小說故事中比較容易遭遇痛苦、挫折、憂傷、打擊等等的負面經驗，或者該人物的性格有較多的陰影或黑暗面，或者該人物在小說故事中有較不好的下場、結局；至於所謂「傾向正面人生經驗的人物」，則指該人物在小說故事中比較容易遭遇歡樂、成長、愉悅、幫助等等的正面經驗，或者該人物的性格有較多的陽光或光明面，或者該人物在小說故事中有較好的下場、結局。譬如，以天真者裡的小龍女及老頑童周伯通為例：小龍女純淨天真，全然沒有塵世的種種習染，但她為了對楊過的愛受盡種種的人間橫逆及生死磨難，雖然最後終於與楊過雙雙隱居，但這段愛情總免不了很深的悲劇色彩，所以將小龍女列入「傾向負面人生經驗」的天真者原型。至於同樣天真純粹的老頑童周伯通，一生活潑嬉戲，樂而忘憂，不知老之將至，則當然是「傾向正面人生經驗」的天真者原型了。

　　好了！在下一節，本文將逐項分析金庸小說人物中的六種人格原型，看看能不能在文學上、生命上做出更多有意義的解碼工作。

## 金庸小說人物內在人格原型一覽表

| | | 金庸小說中的天真者 | 金庸小說中的孤兒 | 金庸小說中的鬥士 | 金庸小說中的殉道者 | 金庸小說中的流浪者 | 金庸小說中的魔法師 |
|---|---|---|---|---|---|---|---|
| 傾向負面人生經驗的人物 | 書 | 香香公主 | | | 陳家洛 | | |
| | 碧 | | 金蛇郎君、夏青青 | | 袁承志 | | |
| | 射 | | | 歐陽鋒、鐵木真 | | | |
| | 神 | 小龍女 | 楊過、李莫愁 | 金輪法王 | | 黃藥師 | |
| | 飛 | | | | 胡斐、苗人鳳、程靈素 | | |
| | 倚 | | 謝遜 | | 張無忌、武當七俠 | | |
| | 連 | 狄雲 | | | 丁典與凌霜華 | | |
| | 天 | | 阿朱、阿紫、游坦之 | 鳩摩智、四大惡人、慕容復父子 | 喬峰 | | 段正淳 |
| | 俠 | 狗雜種石破天 | | 白自在 | | | |
| | 笑 | | 林平之 | 左冷禪、余滄海、岳不群、任我行、東方不敗 | 儀琳 | 令狐沖、梅莊四友 | |
| | 鹿 | | | | 陳近南 | | 韋小寶 |
| 傾向正 | 書 | | | | | | 阿凡提 |
| | 碧 | | | | | | |

| 面人生經驗的人物 | 射 | 周伯通 | | | 郭靖、洪七公 | | 黃蓉 |
|---|---|---|---|---|---|---|---|
| | 神 | | | | | | |
| | 飛 | | | | | | |
| | 倚 | | | | | | 張三丰 |
| | 連 | | | | | | |
| | 天 | 段譽、虛竹 | | | | | 掃地僧 |
| | 俠 | | | | | | |
| | 笑 | 桃谷六仙 | | | | | 任盈盈 |
| | 鹿 | | | | | | 康熙 |

# 金庸小說人物的六種人格原型分類分析

## （一）金庸小說人物中的天真者原型

　　金庸小說中，找到八位最符合「天真者原型」的人物，剛好「傾向負面人生經驗」與「傾向正面人生經驗」的天真者各半。

　　在「傾向負面人生經驗」的天真者中，香香公主天真爛漫，小龍女清靜無為，但都為了愛情的理想付出了慘痛的生命代價；更有意義的一點是：這兩位絕世佳人的犧牲與痛苦並不是因為她們的愛情本身出了問題，而是由於這惡濁世間看不慣人間真有純淨真誠的愛而橫加干預與破壞啊！生命的痛苦並不由於本身的殘缺，相反的而是由於本身的完美！完美的生命不見容於不完美的

人間！

　　到了《連城訣》，主角狄雲則是以另一種「天真者蒙難」的典型出現。狄雲是一個標準不知人間險惡的鄉下小伙子，性格樸厚平凡，在小說中，他的蒙冤受難更是莫名奇妙，只因為他帶著深愛他的美貌師妹誤闖世間，便被師伯的徒弟覬覦陷害，從此橫遭一連串的不白之冤：師妹被奪、斷指下獄、武功全廢、身陷死牢、死別生離……雖然小說最後金庸安排他學成絕世武功並得到愛情的補償（小說中大俠之女水笙對狄雲從誤解到了解、從嫌惡到垂青的一段愛情，寫得非常細膩感人），但狄雲所遭受的種種飛來橫禍也真是夠嗆的了！而且狄雲本身也因為身受慘痛的陷害而喪失了天真者的身分 ── 從樸厚混沌的「天真者」原型轉變成對人間充滿疑慮防備心態的「孤兒」原型。從更深一層分析，《連城訣》除了主角狄雲之外，整部小說充滿了「鬥士」（譬如戚長發、萬震山、言達平、凌退思、花鐵幹、血刀老祖等等都是鬥士中層次較低、為了奪寶而不惜殺人的鬥爭者形象），所以《連城訣》是一個講天真者誤入鬥士叢林而被傷害、犧牲的人間故事。金庸彷彿要通過《連城訣》告訴讀者：天真心靈落入人間，便註定遭受一連串的橫逆與磨煉。天真者啊！你的名字是苦難！

　　但金庸的高明就是不讓他的作品落入在既定的公式。《俠客行》裡的狗雜種石破天幾乎擁有天真者的一切特點：才氣、純真、合一、信任、愛與不知人間險惡

（石破天似乎比狄雲更聰明、也更純厚），但他卻有著
與狄雲完全不同的遭遇。在《俠客行》裡，石破天用他
的天真征服了世界！（當然天真者是無心、不爭的，但
誠如老子所說：「夫唯不爭，故天下莫能與之爭。」）
在石破天的天真心靈跟前，像謝煙客、貝海石、張三李
四等人的機心陰謀全部無濟於事，甚至土崩瓦解（像小
說中摩天居士謝煙客帶小石破天上摩天崖，沿路上謝煙
客機關算盡要誆騙小石破天，但在天真的心靈面前卻只
落得哭笑不得、尷尬不已的份兒的一段描寫，是非常逗
趣而有深意的）；而整個江湖都視為死亡約會的俠客島
之行，石破天卻天真爛漫的履險如夷；同時小說通過汲
汲於追求天下第一而變得有點瘋癲的雪山掌門白自在這
個人物，來對顯石破天的全無機心，天真者才是真正的
自在逍遙，白自在卻真的是白白自在一場了；最後小說
安排一字不識的狗雜種學會了許多才智之士都無法參透
的最高武功 ── 俠客行神功，真正的意義就是說：只有
最純真潔淨的心靈，才能擺脫知識的成見，窺見最高的
真理殿堂啊！就像禪宗的「不立文字」、「言語道斷」，
又像禪門六祖惠能的不識一字；修學真理，畢竟與知識
是沒有必然關係的；知識不只不是真理的必要條件，有
時甚至是一種障礙。整部《俠客行》，幾乎就是一個講
天真者成功的故事（所以《連城訣》是一部「現實」作
品，《俠客行》則是一部「寓言」小說），尤其小說主
角的名字從「狗雜種」（卑賤、遭遺棄的生命）蛻變到

「石破天」（天真力量的石破天驚），是深有寓意的文字安排，《俠客行》就是一部講天真者生命成長的故事。那本文為什麼將這樣一個正面形象的人物列入「傾向負面人生經驗」的天真者呢？筆者的理由就是金庸在小說的最後一回「我是誰？」所隱藏的深意。天真者最後無法定位自我生命的真實身分啊！從小說的淺層結構來說，石破天的養母梅芳姑最後自殺，於是石破天無法確定自己到底是梅芳姑撿來的養子？還是石清閔柔的真正次子石中堅？其實從深層結構評論，金庸先生真正要說的是：天真、完美的生命來到這個不天真、不完美的人間，是有功課要學習的，就是要學習這個不完美世間的種種七情六慾及負面經驗，這正是形上心靈來到繁塵俗世的生命意義；天真者必需穿透種種波折、磨練的英雄之旅，學好人間功課，才能找到真我，才能認清真實的自己，才能蛻變成更成熟的天真者（或魔法師）啊！小說的最後結束於石破天的一片迷惘：

　　「我爹爹是誰？我媽媽是誰？我自己又是誰？」
52

　　我是誰？誰是我？誰是真我？這個問題的答案是不可能由別人來告訴自己的，答案只能由自己去尋找及證成。就是因為天真者有未竟之業，展開在天真者面前是一條未完成的英雄之旅，所以本文暫時將石破天列為

---

52 見《金庸作品集》之《俠客行》最後的結局。（遠流。）

「傾向負面人生經驗」的天真者原型。其實筆者覺得石破天這個人物是金庸先生的所有作品裡，寫天真者原型寫得最透徹而深刻的主角人物，將其列為「傾向負面人生經驗」的原型是一種不得已；也許，真正的天真者是超越所有負面或正面的人間經驗罷。

　　至於「傾向正面人生經驗」的老頑童周伯通與桃谷六仙，則性格滑稽玩世、遊戲人間、不知人間險阻、不顧別人死活（金庸倒是通過這兩個天真者原型點出了小孩子有其階段性的自我、自私、惡作劇、不會考慮他人的性格成分）、一生無憂無慮，似乎「遊戲」是他們唯一的生命主題，當然是正面的天真者原型了。還有一點，周伯通與桃谷六仙雖然不像話（其實小孩子又何必「像話」了），但在武功上倒是很有「才華」的。總結的說，都蠻符合天真者的生命特點：純真但自我，調皮卻才氣橫溢。

　　另外兩個「傾向正面人生經驗」的天真者，則是《天龍八部》中段譽及虛竹。段譽追求完美的愛情與美，虛竹嚮往宗教的真理，都符合了天真者的理想性性格。雖然二人在過程中也都經歷了愛情、親情、及自我身分認同的煎熬與磨練，但最後金庸都安排了他們得到了愛情及社會地位的甜美果報，所以算是正面經驗的天真者原型。

　　如果筆者沒有遺漏的話，金庸先生各創造了四個「傾向負面人生經驗」及「傾向正面人生經驗」的天真者人物，這種「平衡」會不會是一個有意義的安排，金庸會

不會是看穿了天真心靈的正反兩面 ── 天真與苦難，同時是天真者生命的兩個定名。

## （二）金庸小說人物中的孤兒原型

孤兒缺乏安全感與愛，當然更不容易找到「傾向正面人生經驗」的例子了。

《碧血劍》裡的金蛇郎君夏雪宜是一個異常淒厲的孤兒形象。夏雪宜孩提時全家被殺，親姐被姦，獨自一人流浪江湖，學武報仇，心中的孤兒情結可想而知。金蛇郎君的孤兒心態不是表現在恐懼，而是表現在對恐懼的剪除上，通過報復剪除恐懼，其實也是另一種形式的恐懼罷。金蛇郎君的另一點孤兒人格表現在對溫儀的愛的依賴上。夏雪宜武功驚人、精明狡獪，但在復仇一役上失手被擒，全是因為溫氏兄弟利用了金蛇郎君對溫儀的愛；對愛的需求，成了人間孤兒的最大破綻。孤兒願意拋棄自主性與獨立性，來換取愛的慰藉。另外，在小說中，金蛇郎君其實有相當程度的魔法師性格，他的魔法師性格主要表現在武學大師的才氣上 ── 金蛇郎君不但武功驚人，而且身手變化莫測，更重要是能開創武學的新境界，頗有魔法師人格展現深度與靈活的氣勢。但金蛇郎君武學大師的光芒被復仇者的氣焰所掩蓋，魔法師原型被孤兒原型所吞噬，只留下孤兒充滿淒風苦雨的一片天空。至於夏雪宜的女兒夏青青在從小沒有父親、母女飽受冷眼的環境中長大，孤兒的性格更是不在話

下。夏青青的孤兒人格主要表現在對袁承志的佔有心態
上，也許孤兒並不能發出真正的愛，孤兒的所謂愛人，
只是對安全感的渴求，為了滿足對安全感的需要，孤兒
不惜去控制、佔有她的所愛者；所以孤兒的愛，是一種
控制的慾望；在小說中，則表現為夏青青的極度的小心
眼及忌妒心。

　　同樣的，《神鵰俠侶》中的楊過也擁有雙重的生命
身份 —— 神鵰大俠形象的殉道者原型及由於童年的孤苦
造成對愛情強烈渴望的孤兒原型。相對於金蛇郎君的魔
法師性格，楊過殉道者（俠者）的光芒卻更為強烈，《神
鵰俠侶》的故事也就是順著楊過孤兒及殉道者的重疊性
格雙軌進行。但小說最後楊過選擇與小龍女雙雙歸隱，
意義上也等於選擇了回歸感情的安慰與懷抱，孤兒的情
感需求還是超過了殉道者的生命光熱 —— 生命內在的空
虛畢竟不是可以從幫助他人的快樂中得到彌補的。他愛
不能替代自愛啊！只是，讓筆者好奇的是，在楊過與小
龍女歸隱後，楊過內在的孤兒需求（愛、安全感、溫暖）
或許慢慢得到滿足，楊過的殉道者性格會不會蠢蠢欲動
呢？神鵰大俠的靈魂會不會重新得到召喚呢？當然，金
庸作品的悲劇氛圍是不會持續描述一個圓形人物的成長
過程的。

　　《神鵰俠侶》是一部情書，所以書中描寫渴求愛情
撫慰的孤兒人物特別多，像程英、陸無雙、公孫綠萼、
公孫止、裘千尺、武三通、瑛姑、甚至郭芙（郭芙的孤

兒性格隱藏得很深，深得連自己都不自覺，直到小說快要結束，郭芙才驚覺原來自己內心深處一直渴望著楊過的愛而不得，鬱悶的情緒發洩成為野蠻任性的驕縱，這正是典型頑劣孤兒的反應）……都是，而本文選擇討論的楊過及李莫愁，則是兩個比較特殊的個案。楊過的特殊在他的雙重生命原型，李莫愁的特殊則在她的孤兒需求得不到滿足後而扭曲成嚴重的病態人格，變成一個暴力型的偏執狂。『問世間，情為何物，直教生死相許？』便是這個精神病態人格淒厲的呼喚啊！孤兒的需求其實是一種「自愛」能量的匱乏，當這股內在能量嚴重不足時，會演變成人際關係的軒然大波！

　　但比起《倚天屠龍記》裡的金毛獅王謝遜的任性妄為，李莫愁的「破壞」又是小巫見大巫了。謝遜本來有強烈的殉道者（俠者）情懷（要通過明教來匡世救人），但身遭巨大的人生變故與情感創傷後，性格便轉變成病態的孤兒，反其道而行的向人間進行報復（「他愛」的能量變態、扭曲成「他恨」）；謝遜幾乎與整個江湖為敵，殺害黑白兩道無數的無辜高手，攪得腥風血雨，成了武林中的公敵；其實，與其說謝遜的性情丕變的根源在全家慘遭屠戮的人生悲劇，還不如說金毛獅王變成瘋狂劊子手的真正理由是生命理想的破滅－強暴徒弟的妻子、殺死徒弟的新生兒子、屠宰徒弟全家的，竟然是謝遜平生最敬愛的師父！而且這一切還是謝遜師父混元霹靂手成崑深謀遠慮設計下的陷阱！天地不仁、理想夢碎

啊！情感嚴重受創的謝遜從此變成一個任性妄為的孤兒，只一心一意要報仇而闖下滔天大禍。謝遜的悲劇印證了「孤兒是一個失望的理想主義者」。理想主義者原本充滿了強烈的熱情與愛，但這樣的理想其實是很脆弱的，一旦理想失落、情感受創，便會變形成巨大的負面能量去傷害別人或自己，或者是：同時傷害兩者。這，就是孤兒的祕密。在小說裡，金庸處理謝遜這個孤兒原型人物用了很多相關的文學密碼，譬如謝遜的絕技「七傷拳」的拳理是：未傷敵，先傷己。這正是恨的本質，而恨正是孤兒人格的病態表現。又如謝遜經常掛在嘴邊的口頭禪是罵「賊老天」，這正是象徵與天道理想決裂的意義啊！謝遜後來得到義子張無忌的親情安慰，最後又皈依佛門，作者就沒有進一步交代宗教的力量是否能夠治癒孤兒生命的內傷呢？

　　至於上文一覽表中的其他幾個孤兒，包括《天龍八部》裡的阿朱、阿紫、游坦之，及《笑傲江湖》中的林平之，都是因為情感受傷，有的犧牲自己、有的惡整別人、有的自我嚴重扭曲；乃至上面提到的幾個孤兒，有的變成復仇者、有的變成劊子手、有的成了情感佔有者、有的卻選擇逃離人間；種種表現，其實都是孤兒戴上的不同形式的面具，只為了掩蓋一個所有人間孤兒共同隱藏的生命事實：內心深處的恐懼，與不安。

## （三）金庸小說人物中的鬥士原型

　　從描寫情感的角度，金庸作品討論了許多孤兒原型的故事；但從處理人與人之間的衝突和鬥爭的角度，金庸小說則充斥著鬥士的形象。金庸作品的場域簡直是一個鬥士的修羅場。

　　上文一覽表列舉了一長串鬥士的名字，包括歐陽鋒、成吉思汗鐵木真、金輪法王、鳩摩智、四大惡人、慕容復父子、雪山派掌門白自在、還有左冷禪、余滄海、岳不群、任我行及東方不敗等等，總共五部作品的十三個人物。在這一個鬥士族群裡，有的追求武林中的威名、有的追求自己國族的利益、有的追求領土的擴張、有的追求權力野心的滿足、有的追求武功祕笈……有的利用戰爭去爭取、有的通過武功去掠奪、有的巧取、有的豪奪……但不管競逐的是什麼及如何去競逐，鬥士都是真正的攻擊主義者與主動主義者；鬥士們都是「外在人」，他們不會想辦法去適應環境，而是會用盡手段改變環境以符合他們自己的價值與需要。在這個鬥士族群中，還有一個共同點，除了白自在以外，其他的幾乎全是反派腳色！這一點「巧合」其實是有意義的：金庸作品裡所討論的都是層次較低的鬥士原型 —— 權力鬥爭者，卻沒有談論到鬥士的「成長」或「蛻變」，即像上文說的：「鬥士，從舉起手臂防衛自己，到使用手臂攻擊他人，到最後，鬥士們發現：手臂是用來擁抱的。」也就是說，

更高層次的鬥士的鬥爭對象不是別人，而是自己──內在的自己，鬥士最後要擊敗的是自我的陰影與限制，這正是老子所說的「**勝人者有力，自勝者強**」的深意。也許，內在生命的成長及蛻變，不是金庸作品所喜歡處理的一個題材罷。

在這群鬥士中，還有兩點觀察是很有意思的。第一點是《笑傲江湖》中的任我行與東方不敗其實都有魔法師的性格──任我行的魔法師原型表現在豁達狂妄、不拘成法的瀟灑性情上，東方不敗的魔法師原型則表現在學武修道的精神境界上。但這兩位大師的鬥爭者個性都太強烈，以至於在權力鬥爭的過程中先後犧牲了魔法師的更大可能（任我行與東方不敗在現實的鬥爭裡一成一敗，但其實都是不同形式的犧牲）。從上文討論下來，我們發現許多人物都有雙重內在原型的現象，其實在真實人生中也一樣，人性是複雜的，要了解一個人，必須區分他的主人格及副人格。

第二點觀察，是在這個族群中，有兩位鬥士最後超越了權力鬥爭的遊戲──西毒歐陽鋒與大明輪王鳩摩智。歐陽鋒的名字本身就是一個文學密碼，歐陽鋒，就是歐陽「瘋」，意思指一個人在追逐權力黑洞的過程中迷失了自己，瘋了！歐陽鋒忘記了自己是誰，歐陽鋒不記得自己就是歐陽鋒！最後歐陽鋒與洪七公在大雪山決鬥中雙雙去世，死前終於想起了自己原來就是歐陽鋒，即是象徵迷失在權力競賽中的鬥爭者終於找到了真實的

自我。《天龍八部》裡的鳩摩智也有類似的遭遇。鳩摩智表面上是一代名僧，其實是一個傲慢自大、胡作妄為的權力鬥爭者；鳩摩智的最後下場是在枯井中被段譽的北溟神功吸光了內力，武功全廢而終於大徹大悟、回歸佛門，成為一位真正的有道高僧。這兩位鬥士最後都「超越」了，但金庸沒有詳寫超越及蛻變的「歷程」，也沒有深論超越及蛻變之後的「境界」；就像上文說的，內在生命的成長及蛻變，不是金小說的「賣點」罷。也許更真實的理由是：小說藝術（至少是武俠小說）並不適合直接處理太深刻的生命義理或哲學命題。

## （四）金庸小說人物中的殉道者原型

武俠小說至少包括兩個元素：「武」的創意與「俠」的情懷。而在「內在英雄」原型中，最符合「俠者」形象的，當然就是殉道者原型了。即像上文所說：「殉道者的基本信念是：我不是世上唯一的人。所以必須為其他人做些事。」這不正是俠客的基本心理狀態嗎？

所以殉道者原型在武俠小說中是一個很重要的人物元素。在一覽表中，列舉了金庸小說裡十四個殉道者，幾乎都是小說中的主角至少是主要人物。在這十四個殉道者之中，讀者有沒有發現一個很明顯的「傾向」：「傾向負面人生經驗」的殉道者遠多於「傾向正面人生經驗」的殉道者（前十二後二），為什麼呢？孤兒偏向痛苦的人生經驗，鬥士大部分是反派腳色，「傾向負面人生經

驗」的例子較多還可以理解。那殉道者呢？為什麼殉道者嚴重缺乏正面的人生經驗呢？當一個俠客、助人者、殉道者，就真有那麼多的痛苦嗎？在一覽表中，從《書劍恩仇錄》的紅花會總舵主陳家洛開始，到《鹿鼎記》的天地會總舵主陳近南，這些俠客們，有的犧牲了自己所愛者的生命、有的犧牲了愛情、有的犧牲了自己的性命、有的犧牲了自我的主動性、有的犧牲了自己的兄弟、有的犧牲了幸福……只為了成存理想、道義、國家民族、或自己相信的理念。生命中充滿了悲劇的情調。（其實《射鵰英雄傳》的大俠郭靖最後在襄陽城殉國，也是犧牲了性命；但郭靖性格單純，求仁得仁，內心始終是坦蕩的，而且郭靖夫婦的殉國在小說中只是引述，並未正面著墨，所以仍然把郭靖算是「傾向正面人生經驗」的俠者。）還有一點補充說明：「殉道者」與「俠」只是近似值，兩者之間畢竟不能畫等號。所以在這群殉道者名單中，有些人物並不能算是俠客，譬如《連城訣》裡苦戀的丁典與凌霜華不是俠者，但這一對戀人在充滿鬥士的環境裡嚴重的犧牲了愛情、自由、容貌、甚至生命，是標準的殉道者，不！殉情者原型。另外《笑傲江湖》裡的小尼姑儀琳其實也有孤兒的性格（強烈依賴宗教的慰藉），但她為了對令狐冲的片面愛情而不惜犧牲一切，也當然是殉道者的性格表現。但，在武俠小說中，畢竟大部分的殉道者都是俠的形象；所以在這一個明顯的「傾向」或「偏重」中（傾向、偏重「負面人生經驗」的悲

劇英雄），可以清楚看到金庸先生深深了解俠客或殉道者的生命究竟在哪裡出了問題，即像前文說的：「殉道者容易忽略一個深層的生命事實：真正的愛必須同時包括『利己』與『利他』。要善於付出，也要善於接受，兩者缺一不可。如果能量並非雙向對流，那麼必定出現問題。」俠者不懂得愛自己啊！殉道者們往往忘記了「自愛」，或者說廣義的助人者常常讓自己陷入了一個生命課題：失去了愛的平衡。

在一覽表中的俠客們，生命經驗最正面、最逍遙自在、最 happy 的，當然就是九指神丐洪七公的「遊俠」形象了。這位「北丐」在行俠四方、鋤強扶弱的同時，不會忘了照顧自己的興趣（當一個吃遍天下的美食家），在「他愛」的同時兼顧「自愛」啊！真是深懂助人者的「遊戲規則」。像洪七公這樣正面形象的俠客，在金庸小說中是頗為罕見的。其實幫助別人本身就是一個好玩的遊戲，但人常常會把它搞得太過嚴肅、太過悲壯，這是人性的弱點，也是殉道者必須面對的生命課題。

## （五）金庸小說人物中的流浪者原型

根據前文的論述，流浪者主要的生命內涵是「冒險與自我探索」，表現於外主要的生命型態是「離群索居」，而在武俠小說中則主要以「隱士」的形象出現。

筆者在檢視金庸小說的過程中，驚訝的發現金庸小說竟然很少去經營「流浪者」原型的人物！金庸小說中

不乏冒險犯難的英雄，也不缺小說主角學藝練武的成長
故事，但鮮少提及從「內在探索及蛻變」的生命之旅。
舉一個反例，在同類型小說中，新一代的武俠小說家黃
易在其名著《大唐雙龍傳》[53]中，處理其主角人物徐子
陵，就使用了大量的內心掙扎、蛻變、及成長的心理描
述，並且一再描繪徐子陵的內在修鍊，而徐子陵剛好是
一個流浪者原型的英雄。當然，金庸與黃易這兩位小說
家的時代背景不同，金庸先生幾乎不處理完美型態的人
物及故事，這是寫作風格也同時是時代背景使然。（關
於金庸小說是不是悲劇文學，限於篇幅，只能另闢專文
討論。）在金庸小說的人物中，筆者覺得最符合流浪者
性格的，是那個內心痛苦不為世人所知的「東邪」黃藥
師。黃藥師為了忠於自我生命的真性情，不惜遠離塵俗、
詩酒江湖、捨棄一切（最後連他的老家桃花島都捨棄
了），算是一位很接近流浪者原型的隱士。從「隱士」
的形象聯想下來，那麼，在《笑傲江湖》中那個為了堅
持性情的解放及自由不惜抗拒黑白二道的權威的令狐
冲，以及為了遠離權力的核心與醜陋而隱居西湖的梅莊
四友，也算是較為接近流浪者生命意義的隱士罷。但這
三位隱士都是「傾向負面人生經驗」的人物。黃藥師內
心充滿不被了解的隱痛，當然是傾向負面經驗的流浪
者。把令狐冲列為同型的隱士，主要是因為作者金庸對

---

53 請參考黃易《大唐雙龍傳》。（時報，2005 年 1 月初版三刷。）

令狐沖這個人物的評價 ── 金庸先生主要的意思是認為
人生在世，充分圓滿的自由根本是不可能的，令狐沖太
重視性情上的解放與自由，所以總會受到若干程度的羈
絆與困限，哪怕就像盈盈對他的愛情也一樣會變成某種
形式的枷鎖。[54]至於梅莊四友為了自由而隱居，卻終於
成了權力鬥爭的犧牲品，則當然也屬於「傾向負面人生
經驗」的流浪者了。

　　或許，筆者武斷的認為：金庸小說著重寫「人生」，
而不是「生命」；金庸小說強調「人生的歷練」，而不
是「心靈的探索」；金庸小說主要是「寓言作品」，而
不是「心理小說」；所以流浪者原型的人物自然不在小
說中佔據一個重要的位置了。

## （六）金庸小說人物中的魔法師原型

　　有沒有注意到，在一覽表中，魔法師的「傾向」跟
前面的幾種原型都不同：「傾向正面人生經驗」的魔法
師多於「傾向負面人生經驗」的魔法師。這裡頭有著什
麼的意義呢？

　　先談談「傾向負面人生經驗」的魔法師，第一個就
是《天龍八部》裡的大情聖段正淳。段正淳的性格其實
頗為複雜，但在愛情遊戲中他絕對是一個揮灑自如的大
魔法師 ── 有本領讓每一個愛他的女人痛苦一生卻又死

---

54 見《金庸作品集》之《笑傲江湖》的後記。（遠流。）

心蹋地。然而，即像上文所談及的，魔法師是一個有能力游走在黑與白、原則與手段、正直與狡猾之間的人；所以白魔法師的優點是靈活，黑魔法師的特點則是無恥，而黑白之間往往只有一線之隔。段正淳在愛情上的表現也是介於「愛情的騙子」與「真誠的愛人」之間，所以把他列為「傾向負面人生經驗」的黑魔法師。

　　第二個黑魔法師則是《鹿鼎記》裡那個神通廣大、偷搶拐騙、無所不為，在各大勢力之間縱橫自如，將滿清朝廷、天地會、神龍教、沐王府、平西王府、俄國勢力……等各路人馬玩弄於股掌之間的市井魔法師韋小寶。韋小寶做人做事的沒有禁忌、靈活狡詐，當然就更符合魔法師的性格形態了。前文說的：「魔法師超越二元對立、好壞對錯的僵化觀念。」這不正是韋小寶的寫照嗎？其實將韋小寶列入黑魔法師，對此公是有一點不公平的；韋小寶的性格其實頗有一些優點（譬如將「講義氣」列為人生很高的準則），也做了不少好事（譬如成功擊退俄國人的入侵），只是此人的形象實在有點「那個」，所以就委屈他當黑魔法師了。

　　至於「傾向正面人生經驗」的白魔法師，就形象正面多了。也許遜了三分黑魔法師的「靈動」，卻多出三分黑魔法師所沒有的「風範」。《書劍恩仇錄》裡的回人怪俠阿凡提行俠仗義、武功卓絕、又滑稽機智，不正呼應了前文對魔法師的形容嗎？魔法師是一個「充滿智慧的傻瓜」。而一般讀者不會想到《射鵰英雄傳》裡神

機妙算的黃蓉其實也是一個女魔法師。黃蓉的魔法師能
力來自一份清靈暢美的陰性（女性）生命能量，這份陰
性能量是非常靈活的，是沒有內容的；但正因為沒有內
容，所以它特別靈動；正因為它沒有內容，所以能夠承
載更多的內容。試想黃蓉要比郭靖多操多少心事，性格
單純專注的郭靖只需要專心的練武帶兵，但黃蓉呢？黃
蓉要身兼郭大俠的賢妻、襄陽城的女軍師、丐幫幫主、
三個孩子的母親、與丈夫同樣名揚江湖的女俠客、甚至
連最後倚天劍屠龍刀的祕密都是這位彷彿無所不能的黃
蓉去設計的。黃蓉真是能者多勞的魔法師典型！而這也
正是老子所說的「無為而無不為」的涵義 —— 「無為」
才能「無不為」，「真空」才能「妙有」，「心無罣礙」
才能「妙用人間」啊！從黃蓉這個小說人物，我們可以
清楚看到魔法師生命其實是蠻接近中國道家哲學的理想
人格（無為的生命狀態），如同殉道者接近儒家哲學的
理想人格（有為的生命狀態）。魔法師生命之所以精彩，
正因為她的沒有內容、沒有邊界、沒有規範、沒有目的，
但也因為如此，魔法師的缺點也就是容易變得沒有原則
—— 一個沒有原則卻很有力量的黑魔法師是很可怕的。
即如後期的黃蓉，由於內心多擔了一份對兒女的私心，
那麼陰性的生命能量便變得有內容了，便不那麼無為
了，也就失去她的靈活酣暢了。所以讀者便會覺得《神
鵰俠侶》裡的黃蓉有點「討厭」，有點「不可愛」，有
點對楊過「不公平」，有點暗藏「機心與私心」；這正

是魔法師的生命祕密 —— 無為，無為的力量可以很光明，也可以很黑暗；它同時造就了白魔法師的沒有內容與靈動妙用，以及黑魔法師的沒有原則與狡猾機詐；從更深一層思考，無為其實是這兩股相反但相成的能量的共同母親及根源。還好黃蓉畢竟是黃蓉，她只是有點傾斜，並未真正跨足黑魔法師的領域，但從這裡可以領悟：魔法師的生命陷阱，就是由於性格太過自由靈活而容易被黑暗勢力吸引而變質、沉淪。

到了《倚天屠龍記》的大宗師張三丰的魔法師原型則表現在深不可測的武學修為及研創上，而《天龍八部》裡曇花一現的掃地僧的魔法師原型則同樣表現在淵深的武學修為及生命境界上。同樣的，《笑傲江湖》裡的女主角任盈盈也是一位少被人注意的女魔法師。這位任大小姐性格害羞靦腆，但在愛情上其實是主動者，而且能夠收放自如的抓牢令狐沖不羈的心；而且盈盈能在權力鬥爭劇烈的黑木崖全身而退、置身事外，又贏得武林中各路人馬的尊崇，從種種細微的跡象觀察，便可了解任盈盈的魔法師手段了。最後，那位天縱英明、豁達大度、一一擊敗每一個挑戰他權力的對手的康熙大帝，當然就是政治遊戲中的白魔法師了。

魔法師是很有力量的，魔法師是一個比較成熟、進化、自由、開放的生命狀態；比其他的生命原型，魔法師們擁有一個很強的優勢，就是他們往往能夠承認、面對、擁抱、轉化生命中的痛苦及陰影，把負面能量蛻變

為正面經驗；但魔法師的力量一旦為惡，即會變成非常難纏的災難及手段。

## 結論：交會的意義

從人格分類學的意義，內在英雄六種人格原型的內容，一直討論到金庸小說人物六種人格原型的分析；我們是否窺見了許多生命原型之旅的奧祕？文章的最後，筆者嘗試將本文的兩位主角（金庸小說與內在英雄）的「交會」，做一個結論與整理。但，在此之前，先行交代三點「交會」的基本原則：

1.金庸小說是在東方文化背景下的一種類型小說，內在英雄則是在西方神話學基礎上的一個人格分類學；兩者分屬不同的文化根源及背景，所以內容不一定全然相合。雖然筆者相信金庸小說與內在英雄所談的生命之祕有其普世價值與深層呼應，但同中必然有異，意思就是說：內在英雄這套分析軟體不見得能夠絲絲入扣的分析每一個金庸小說人物。所以本文的分析只是「抽樣調查」，並非「通盤檢視」；如果分析起來覺得「怪怪的」人物，就不照式硬套了。

2.特別要強調的，本文不是「金學」，與坊間「金學」不同，本文的重點不是要分析金庸小說，而是要通過金庸小說豐富、深邃的人性體驗，去討論、思考人格原型及生命奧秘的問題。

3.接下來會聯想到第三點基本原則，就是為什麼是

通過金庸小說去討論及思考，而不是通過其他的小說或文學作品去討論及思考呢？筆者想要說明的是：本文挑選金庸小說人物作為分析對象，除了因為看上金庸小說兼具深度與通俗的藝術魅力，更重要的理由是為了金庸小說的「現實性」。金庸小說其實是「現實性」很強的寓言小說（譬如從金庸小說缺乏圓滿結局及完美人物這一點，即反映出金庸先生的務實思想），剛好可以補強內在英雄偏向深層心理分析的學術性格 —— 通過金庸小說的「現實性」補強內在英雄的「學術性」，二者相輔相成，嘗試達到一個完整的生命分析。筆者覺得這是本文一點很重要的特色。

　　好了，交代完三點交會的基本原則，最後我們來看看下列幾點交會的結論：

## （一）金庸小說告訴我們人間儘多受苦的英雄

　　從上文的一覽表及相關的文字分析，我們可以清楚看到：除了天真者與魔法師，中間的四個原型都是「傾向負面人生經驗」的人物遠多於「傾向正面人生經驗」的人物，人生充斥苦難與挫折啊！在未走完英雄之旅之前，道上的旅人大都是滾滾紅塵中情傷的心靈 —— 孤兒缺乏安全感與愛，鬥士苦於權力名利的鬥爭，殉道者失去愛的平衡，流浪者還沒找到生命的真義。也許，金庸最想要告訴我們：在內在英雄之旅未完成之前，人間儘多受難英雄的故事。

## （二）金庸小說告訴我們現實人間欠缺內在探索者

從一覽表中清楚看到金庸小說寫流浪者寫得最少，而且缺乏正面經驗。照說武俠小說應該充滿「遊俠」的形象，但金庸小說顯然缺少這類型的人物。當然，仔細分析，遊俠與流浪者的生命內容不盡相同，流浪者主要的生命內涵是「冒險與自我探索」，尤其是內在自我的探索。如果金庸小說真是「現實性」很強的文學作品，那其中對流浪者原型的著墨不多，便不是一個「偶然的缺席」了。真正的意涵是：現實人生欠缺追求圓滿與探索內在的人物啊！如果金庸小說只是反映現實，那麼在現實人生裡很少人願意放棄一切去當一個追尋內在心靈答案的流浪者，大概就是許多英雄蒙難故事的真正原因罷。

## （三）金庸小說隱隱透露天真者與魔法師的生命圓義

相對於中間四個原型的「傾向負面人生經驗」，一首一尾的兩個原型（天真者與魔法師）則剛好相反，金庸小說裡的天真者與魔法師具有最多的正面人生經驗。從這樣的人物原型的「安排」，其實隱約透露出首尾相連的生命之圓的深層意義。

天真者的宇宙意識臍帶未斷，所以帶著渾厚天真的宇宙心靈轉生人間，但天真蒙塵，天真、完美的心靈落

入不天真、不完美的人間世，註定必須接受中間四個原型階段的苦難及磨練，最後回歸豁達圓融的魔法師懷抱，才算完成一趟內在英雄之旅。所以內在英雄的旅程不是直線的，而是圓形的，從天真者出發，繞了一圈，最後回歸與天真者首尾相扣的魔法師。即像前文說的：「魔法師是生命第二度回歸天真狀態。可以這樣說：天真者是未成熟的魔法師，魔法師是已成熟的天真者。」因此，相對於天真者，魔法師的「天真」是第二度的天真，是更成熟的天真，是人間意義的天真，是不容易受傷、受騙、而且圓融靈動的天真，是經歷過考驗、學習、痛苦、蛻變的人文洗禮的天真。這彷彿中國人常用的三句話：「見山是山，見山不是山，見山是山。」天真者是「見山是山」的始點，中間的四個階段是「見山不是山」的歷程，最後則回到魔法師「見山又是山」的圓義。從小說「正、反」人物的「傾向」與「安排」，我們可以看到金庸小說的藝術內涵與內在英雄的深層意義是緊密呼應的，金庸先生在他的小說裡隱隱指出：天真英雄蒙難，人間儘多受苦的英雄，最終的解決方法是奔向魔法師原型的生命成長。

關於魔法師的突破性意義，北京的陳墨先生也有類似的說法。陳墨認為金庸小說從儒家之俠這個觀念開始書寫，到郭靖是最高峰，到了楊過發生質變，接著從張無忌到《連城訣》、《俠客行》、《天龍八部》裡的人物，俠的觀念的變異愈來愈擴大，最後到《鹿鼎記》出

現了韋小寶，根本就是俠者形象的悖反；這就是陳墨「俠
之立、俠之變、俠之疑、俠之反」的說法。[55]這跟本文
論析韋小寶是一個「黑白難辨」的黑魔法師，突破了殉
道者偏重「愛人」的能量，而進入了一個更開闊的生命
境界的涵義；讀者覺得，是不是有一點異曲同工的微妙
吻合。

　　當然，陳墨談的是俠者生命的變異歷程，與本文討
論內在原型的英雄之旅，畢竟重點有所不同。但從小說
人物脈絡的安排，可以清楚看出韋小寶這個人物的特殊
性，是沒有疑問的。試想想：金庸第一部小說《書劍恩
仇錄》裡的女主角香香公主是一個天真者原型（本文的
一覽表雖然把男主角陳家洛列為殉道者，其實陳家洛的
性格中是頗有一點不識世務的書生意氣的天真者個性
的），到了最後一部小說《鹿鼎記》的主角韋小寶卻是
一位黑魔法師 ── 從香香公主到韋小寶，不正是隱隱暗
合內在英雄「圓形」之旅的生命奧義嗎？

　　討論完三點結論，本文是接近尾聲了；但本文的內
容留下了一個伏筆，就是金庸小說究竟是不是悲劇文
學？譬如，金庸小說經常處理英雄蒙難的故事（結論的
第一點）、金庸小說缺乏內在生命的探索者與成長者（結
論的第二點）、金庸小說往往欠缺完滿的結局、金庸小
說也缺少完美的人物等等，都讓人懷疑金庸小說是一種

---

55 陳墨的「俠之立、變、疑、反」的說法見《金庸小說國際學術研討
　　會論文集》頁 610。（遠流，1999 年 12 月初版。）

悲劇風格的藝術；但筆者一再說到不想把本文寫成「金學」—— 金庸文學評析，加上篇幅限制，這個問題只好留待他文討論了。

　　最後，筆者願意再一次強調寫作本文的心情：這篇文章主要不是一篇「文學評論」，其實筆者是要整理一篇「生命建議」—— 希望讀者讀完「六個人格原型同異一覽表」、「六個人格原型內容的個別分析」、「金庸小說人物原型的分析」及「三點結論」等等生命建言之後，能夠對你的自我了解的生命工作，激起點點心靈的漣漪及思想的火花。

　　　　（本文原發表於《萬竅 —— 中華通識學刊》第五期，
　　　　中華大學通識教育中心，民國 96 年 5 月出版。）

# 天眞心靈的沉落與超越

## —— 論析小說人物中天真者原型的深層意義，以《內在英雄》為基礎，以《小王子》《人子》《俠客行》為討論範圍

## 摘 要

本文使用「內在英雄」這一個人格分類學作為分析工具，嘗試剖析《小王子》、《人子》及《俠客行》三部小說作品裡關於天真心靈的深層生命意義。

天真是生命的原罪？是苦難的入口？是人性裡的瑰寶？是濁世中的最後一口新鮮空氣？在分析的過程中，我們發現這三部作品裡都出現「小王子」的小說人物形象，而且小王子的生命往往同時隱藏了哀傷與超越、沉落與提昇、悲劇與榮光、人間與天上、神聖智慧與世俗智慧、天然的天真與成熟的天真……等等的雙面性，這是不是隱喻了天真者原型人物的存在核心同時埋藏了人性中極光明及極黑暗的兩種可能性。

進一步，本文所整理的天真者心靈之旅，幫助我們指出：生命，原來是一個圓！生命不是直線，生命是一個圓形，生命的成長及蛻變原來是一條「圓型」的道路。

所以，本文不只是一篇小說人物分析的藝評，同時也是一篇生命哲學思辯的論述。

**關鍵詞：** 1.天真者 2.《內在英雄》 3.《小王子》
4.《人子》 5.《俠客行》 6.靈性成長

# 緣　起

前一個階段，筆者致力研究各種關於「自我了解」的理論及技術，其中卡蘿・皮爾森（Carol S Pearson）女士所提出的「內在英雄」人格原型分類學[1]是一套很精采及好用的自我了解工具。「內在英雄」提到一種稱為「天真者」的人格原型，天真者其實是每個生命很特殊的初始狀態，頗接近老子所說「嬰兒」的精神境界。過了幾年，筆者開始在大學教授現代小說的課程，突然靈光一閃，想到許多小說（甚至歷史）人物不正是符合天真者的形象及靈魂嗎？原來自我了解工具與現代小說藝術都同時碰到了一個人性深處的奧祕。於是加以整理及連線，便出現了這一篇整合生命哲學與小說藝術的文章。本文打算用卡蘿・皮爾森的「內在英雄」為基礎，去分析聖艾修伯里《小王子》、鹿橋《人子》、及金庸《俠客行》三部作品中關於天真者的藝術形象及生命奧義。

---

1 本文所談的「內在英雄」人格分類學的內容皆出自卡蘿・皮爾森（Carol S Pearson）著《內在英雄》一書。（立緒，2000 年 7 月初版。）下文相同。

也許，天真者所代表的是我們每個人內心深處很珍貴、很神祕、很細緻、很敏感、也很才氣橫溢的部份；但同時也是很脆弱、很孩子氣、而且容易受傷的部份。更有可能，在我們每個人過去的一段歲月裡，都曾經做過天真者的夢，但也許都在傷心與挫折中俏俏的把夢遺忘、埋藏在心靈深處一個塵封已久的角落之中。

## 《內在英雄》的理論基礎：天真者原型的意義

關於「內在英雄」此一人格分類學及自我了解工具的詳細內容的介紹，請參考拙著〈從「內在英雄」人格分類學論析金庸小說的人物原型〉。[2]本文只集中火力專論天真者生命內容的種種面相，請先行閱讀下表：

| 天眞者生命原型面面觀 | |
|---|---|
| 生命主題：全然信任<br>（世界與他人）<br><br>目標：無 | 對人生困難、挑戰、壓力、痛苦的回應方式：對人生負面經驗及危險的存在無知 |
| 功課：學習墮落<br><br>恐懼：失去天堂 | 靈性或宗教經驗：不需要宗教，本身即在靈性經驗之中 |
| 天真者原型太弱的缺點<br>：生命欠缺理想及價值 | 學習狀態：不需要後天的學習 |
| | 人際關係：沒有覺察他人的存在 |
| 關於「自我」<br>：沒有自我。自我消失、<br>融入於真理的整體經驗中 | 情緒狀態：純潔與快樂 |
| | 工作態度：工作即遊戲 |

---

2 拙文發表於《萬竅 —— 中華通識學刊》第五期，中華大學通識教育中心，民國 96 年 5 月出版。

　　所謂「原型」，即指生命內在根深蒂固的人格模式，而某些人的生命原型即表現為天真者的性格傾向。

　　前頁一覽表的內容是根據卡蘿女士的原表[3]，再加上筆者個人的看法及心得，整理而成。天真者最大的生命主題，也同時是他的優點與缺點，就是「全然信任（他人及世界）」；或者更直接的說，天真者啊！你的名字是「相信」。所以對他們來說，人性是本善的，世界是友善的，生命本身即是一份美好的禮物（至少對未受傷害的天真者來說是這樣認為的）。所以天真者的人生不需要目標，他們會覺得生命本身就是目標。其實從更深一層的生命意義來看，天真者最大的恐懼與痛苦就是失去人間的美好（「失去天堂」），他們不能忍受這個世界是不完美的；因此對這群「謫仙」而言，更深的生命學習就是要學習種種人間的負面經驗及情緒（「學習墮落」），如此才有機會蛻變成更成熟的天真者。當然，許多天真者無法接受人間塵垢的洗禮，於是讓充滿不幸的人間又多了一顆天才的殞星。至於天真者的「自我」，天真的心靈不需要自我，天真者沒有人我之間的界線，或者說天真者的宇宙意識臍帶未斷，他們的自我仍然融入整體的真理意識之中。所以天真者也不需要宗教，因為他們的生命尚未脫離宗教所要追求的靈性經驗；也就是說天真者的生命是渾然天成的，對他們來說不太需要

---

3 同註 1，見〈導論〉頁 27 及正文頁 28。

後天的學習。但也由於天真者的生命其實是活在天上，他們尚未完全踏足人間的土地，所以天真者對人生的種種負面經驗及情緒很無知、遲鈍，也缺乏面對挑戰、解決困難的能力。所以很多人會覺得天真者很白痴、甚至自私，雖然天真者的情緒狀態總是很「快樂」與「純潔」，而且也樂在工作之中，視工作即遊戲；但誤會的人會覺得天真者很白目 ── 沒有覺察他人的存在，也不管他人的死活。事實上，誤會者沒想到天真者其實不是自私，而是在天真者的心靈裡根本沒有「自我」及「他人」的觀念及界線。天真者其實很像小孩子的生命狀態，小孩子是不懂人我之分的，小孩子會自然而然的讓自己成為宇宙的中心。但小孩子如此表現會讓人稱讚「可愛」或「天真」，可是長大後的小孩子萬一仍然如此，就會被人批評為「不懂事」、「無禮」、「自私」、甚至是認為造成對他人的「侵犯」。因此，如果天真者是活在一個不分人我的完美世界中，他會是很幸福的；問題是：我們身處的是一個並不完美的人間世界。但，從另一個角度著想：每一個人都需要有一點天真者的情懷，如果生命裡天真的心太荏弱，即代表生命中太過缺乏理想性，也失去對崇高價值追尋的動力。

　　進一步分析，其實天真者生命最大的祕密是：他們活在一個尚未墮落的世界中。最接近這種經驗的是快樂

的童年與浪漫的愛情，或者是天人合一的神祕經驗。[4]天真者最大的優點是才氣、純真、合一、信任、與愛，但天真者最嚴重的缺失是幾乎完全缺乏負面生命經驗記錄系統，所以天真者的名字被命定為「受騙」或「苦難」。歷史上許多才氣橫溢但下場慘澹的天才，都印證了天真者的宿命。

　　天真者是兒童的自然狀態。但要將這種生命狀況帶入成年，則需要驚人的現世否定與自戀情結；天真者被迫要自己生活時會感到被遺棄、背叛、甚至迫害；但這是一個「幸運的墮落」，讓天真者重回人間，走出樂園，踏上英雄之旅。[5]

## 三篇作品的兩個共同點：寓言小說與小王子形象

　　提出了理論基礎，接下來可以進行作品的討論了。

　　本文要討論的三部小說 ── 安東尼・聖艾修伯里的代表作《小王子》（Le Petit Prince）是享譽中外文壇的名著[6]；鹿橋的短篇小說集《人子》，也是作者數十年來盛名不衰的代表作品[7]；至於金庸先生的武俠小說更是華人閱讀圈中的寵兒，《俠客行》則是金庸小說裡很特殊

---

4　同註 1，語出頁 36。
5　同註 1，語出頁 37。
6　本文使用的《小王子》的版本，是安東尼・聖艾修伯里著，曲愛琳譯，萬象圖書，1996 年初版的本子。
7　本文使用的《人子》的版本，是鹿橋著，遠景叢刊，2001 年 3 月二十七版的本子。

而且思想完整度很高的一部創作[8]。至於本文選擇這三部名著作為討論對象的主要理由，是在於這三部作者、類型、風格、背景各不相同的作品之間，卻擁有兩個有意義的共同點。

　　第一，這三部小說的故事與人物都是虛構的，或許它們都屬於所謂廣義的「寓言小說」的創作風格。所謂「寓言小說」，意思指不要對它的故事、情節太過當真，「真實性」不是重點；在這一類小說中，重點是要通過種種寓言式的「文字密碼」或「象徵符號」，來傳遞一些更深邃的生命訊息。或許就像小說大師米蘭・昆德拉說的：「小說不是要檢視現實，而是要檢視存在。」[9]「小說家不是歷史學者，也不是先知；小說家是存在的探索者。」[10]是的！寓言小說不是要表達歷史的真實性，而是要表達存在的真實性；這種作品不負責故事的真實 ── 外在的真實，而是要負責人性的真實 ── 內在的真實。

　　第二，這三部作品都不約而同的出現「小王子」的人物形象。《小王子》的主角正是小王子不在話下。《人子》中的一篇同名短篇〈人子〉及另一篇〈渾沌〉中的一則「琴韻」，也出現過兩個生命方向剛好相反的小王子形象。至於《俠客行》的主角開場時是以「狗雜種」

---

8　本文使用的《俠客行》的版本，是遠流《金庸作品集》的本子。

9　見米蘭・昆德拉（Milan Kundera）《小說的藝術》頁56。（皇冠文化，2004年3月初版。）

10　同註9，頁58。

之名出現（象徵最卑賤的地位及身世），故事最後卻成為武林第一人，這是一場從蒙塵到超越的生命蛻變，我們稱《俠客行》裡的狗雜種是一個落難的小王子。

也許，這兩個共同點在告訴讀者一個關於天真心靈的故事：天真者就像那個傳說中傷心的小王子，從天上落到人間，又從人間回歸天上，從蒙塵到超越的生命歷程裡，從不放棄的尋找他哪不知何時失落在人間的心靈聖杯。

## 天真者心靈之旅 1：《小王子》的沉落與哀傷

我們先來看看聖艾修伯里的《小王子》中天真心靈的落寞與溫柔。

《小王子》的主題是描繪兩個全不相同的世界：大人世界與小孩世界、外在標準的世界與內在感受的世界、功利主義的世界與天真心靈的世界。而在前一個世界對後一個世界的不了解甚至壓迫的氛圍裡，我們看到一個天真心靈的沉落與哀傷。

要了解這兩個世界的底蘊，最好的方法是直接去賞析《小王子》故事裡精警、細膩、清新、而且充滿生命質感的原句。

### （一）功利主義的大人世界

「大人就是喜歡把事情解釋地清清楚楚。」[11]

---

11 同註 6，頁 10。

大人世界是一個有清楚、強烈的目的的世界。但有些生命的感受是超越清楚的目的與語言的。

> 「大人從來都不想自己去瞭解事情，而要小孩子不斷地解釋給他們聽也是很煩人的。」[12]

瞭解是心靈去參與，解釋則只是語言的層次。

> 「成年人酷愛數字。」「對我們瞭解生活內涵的人來說，數字根本就是無關緊要的東西。」[13]

真的！想一想，我們每天都活在數字的世界中，而不是活在真實的生命中。

《小王子》中有一段關於「人性論」的文字描述[14]，其實很接近孟子與荀子對人性的看法。小說稱人性中惡的種子為「非洲木棉」，「玫瑰和非洲木棉的幼苗很類似」，所以等到非洲木棉的幼苗長到能夠辨認的程度，就要馬上給予拔除，「這項工作很枯燥」，「但也簡單之至。」小王子又說「一般人對非洲木棉潛在的危機瞭解太少」，所以一般的「工作拖到改天再完成，也不見得有什麼害處。但如果事關非洲木棉的話，就極易釀成巨災。」「如果這顆行星太小，非洲木棉又太多的話，行星就會遭受四分五裂的命運。」通過這段充滿寓意的文字，作者是要告訴我們天真心靈也是能夠敏銳的感知到人性中負面陰影的存在的。

---

12 同註 6，頁 11。
13 同註 6，頁 28 至 29。
14 同註 6，頁 35 至 39。

「朝正前方走，沒有人能走得了多遠……」[15]

小王子其實在提醒大人們：擁有太強烈的目的的人生，會走進生命的窮途。

「在人群當中一樣寂寞孤獨。」[16]

這就是充滿強烈目的的大人世界的真實寫照。

> 「對國王而言，世界已然經過簡化，所有的人都是他的臣民。」

> 「『……下達命令必須是要在別人的能力所及的範圍之內才行。』國王又說……」

> 「……國王答道，『那是天底下最難的事。審判自己比審判別人要難太多了。

> 假如是能夠很公正地審判自己，那你就確實擁有真正的智慧。』」[17]

小王子曾經遊歷了許多「大人」的星球，看到了大人們很多奇奇怪怪的行為，其實這是一段挖苦種種人間蠢相的諷刺文學。但小王子在造訪的第一個世界（國王的星球）裡，卻發覺被權力慾望愚蠢化的國王，卻有時也會說出一些睿智的話語，可見大人世界是一個複雜的世界，裡面同時混雜了愚昧與智慧、高貴與醜陋。

> 「對自負的人來說，其他所有的人都是仰慕者。」

---

15 同註 6，頁 23。

16 同註 6，頁 103。

17 同註 6，頁 61、65、67。

「自負的人，除了讚美之外，什麼都聽不進去。」[18]
這是小王子造訪的第二個「大人」的星球，星球的主人是一個自負的男人。

「『你為什麼要喝酒呢？』

『為了讓我把事情忘掉。』

『要忘掉些什麼呢？』

『忘掉我的愧疚。』

『什麼樣的事讓你愧疚？』

『喝酒。』」[19]

小王子造訪的第三個「大人」星球住了一個酒鬼，上文諷刺的意味就更明顯了。小王子所遊歷的眾多星球，其實是象徵文明洗禮下人心的偽善與疏離。

「風把他們吹走了。他們沒有根，所以生存不易。」[20]
小王子最後來到地球，穿越沙漠，遇到一朵曾經見過旅行隊路過的花，小王子問花有沒有見過人類，上面的句子就是花饒有深意的回答。風把人類吹走了，嘿！大人世界，原來是一個無根的人生。

## （二）天真溫柔的小孩世界

　　小王子喜歡作者給他畫的一隻裝在盒子裡的羊。羊代表溫柔，裝在盒子裡的羊象徵神祕的溫柔。是的！人

---

18　同註 6，頁 69、71。

19　同註 6，頁 73。

20　同註 6，頁 108。

心深處潛藏著一份神祕的溫柔。

> 「小王子存在的證據就是他很迷人，也會笑，而
> 且還要一隻羊。如果有人會開口要一隻羊的話，
> 就表示他存在。」[21]

如果小王子象徵天真的心靈，上面的文字說得很清楚，
天真心靈洋溢著迷人、歡笑、與溫柔的生命氣息。這也
是生命存在的實感。

> 「我任憑手中的工具散落地上……口渴或死亡，
> 又都有什麼重要性？……地球上，有一個小王
> 子，他需要別人的慰藉。我把他摟在懷裡……淚
> 水就是擁有如此奧妙不可解的魔力。」[22]

喚醒我們塵封已久的心底溫柔，人間有什麼事比安慰一
個哭泣的小王子更重要呢？小王子的眼淚提醒了人們：
流淚，是不同滋味的堅強！它會呼喚人心深處一股真正
的陽剛。

> 「忘掉朋友是件令人感傷的事……」[23]

這裡已經點出了《小王子》這部作品隱隱透出絲絲天真
心靈的哀傷氣氛。

> 「我早該用行為而非言語來判斷事物……
>
> 我早該料到這些拙劣伎倆背後所蘊含的都是

---

21 同註 6，頁 29。
22 同註 6，頁 49 至 50。
23 同註 6，頁 30。

款款深情。」[24]

用心去感受愛，而不是通過言語去了解愛。偏偏人間處處充斥著錯過深情的哀傷，也許這就是天真心靈沉落受傷的原因之一罷。

「一個再簡單不過的秘密：只有用心靈才能看到事物的真相；重要的事常是肉眼所不察。」[25]

這是天真心靈的洞見。

小王子在地球上遇到一隻狐狸，兩者討論到一種稱為「馴良」的關係（別的譯本稱為「馴養」），是很有深意而且動人的：

「……小王子道，『……你說的「馴良」是什麼意思嘛？』

『這種行為常受人忽視。』狐狸道，『也就是指建立關係。』

『建立關係？』

…………

『……就你而言，你對我也沒有需求。對你來說，我就像其他千千萬萬的狐狸一樣平凡。但如果你訓練我，讓我成為馴良的動物，那我們就會對彼此有所要求。對我來說，你是世上獨一無二的；對你來說，我也是世上絕無僅有的……』

『……我覺得有點兒厭倦了。但是你訓練我聽你

---

24 同註 6，頁 56。
25 同註 6，頁 124。

的話，那我的生命裡就好像滿是亮麗的陽光一般。我會知道，有一種腳步聲和其他的都不一樣……你的腳步聲，則會像音樂一般，喚我走出洞穴。……麥田也相對地對我毫無意義……但你有一頭金色的頭髮。想想看，你如果訓練我聽話了之後，那會是多棒的一件事！麥子也是金黃色，看到麥子就會讓我想到你。而我也會變得愛聽麥子的風聲……』

『人們唯有透過訓練他物的方式，才能對事物有所瞭解。』……『你必須很有耐心。』狐狸答道，『首先，你要在距我稍遠的地方坐下……我會用眼角來瞄你，而你什麼也不用說，語言是誤解的根源。但你每天都要愈坐愈近……』

『人們都已經遺忘了這項真理。』狐狸道，『但你不能忘記，你要永遠對你所馴服的東西負責。你要對你的玫瑰負責……』」[26]

多動人的一段文字啊！這一段文字其實是在講溫柔、細膩、柔軟、耐心的人間互動。大人們要多學小孩子與小動物之間（天真心靈之間）那種「馴良」的生命關係，那麼樣的細緻而真誠！在小說中，小王子一直念念不忘在他的星球上的一朵玫瑰，所以狐狸提醒他：人要對自己的玫瑰負責啊！你是否已經遺忘掉塵封在你的心靈深

---

26 同註 6，頁 116 至 125。

處的那朵神秘玫瑰呢？

> 「假如我有五十三分鐘時間任憑我處置，我就會
> 趁著氣定神閒的時候走向一泉清水。」[27]

是啊！唯有天真的心靈才會懂得悠閒而優雅的走向生命
的泉源。

　　讀完小說原文的整理，應該可以清楚對照出《小王
子》裡兩個世界（大人世界與小孩世界）全然不同的生
命向度；而且前一個世界對後一個世界的誤解、輕視、
壓迫、不同情、與不契合，正是造成《小王子》這部作
品的字裡行間隱隱透露出淡淡哀傷的悲劇氣氛的真正原
因。筆者在閱讀有關《小王子》的評論資料的過程中，
發現下面的幾個句子，很能夠傳神而準確的點出這部小
說深刻的悲劇性：

> 真心被壓抑，被輕視，被扼殺，這回憶是傷心的。[28]
>
> 遺失了那充滿水分的感性……[29]
>
> 天真的感性在大人腦中是沒有用的……[30]

小說的最後，小王子傷心的向飛行員作者道別，要返回
自己的星球；但身軀太沉重了，無法飛翔於群星之間，
於是小王子請蛇咬了自己一口，接著小王子輕輕的倒在
沙漠之上。第二天早上，飛行員卻再也找不到小王子的

---

27　同註 6，頁 129。
28　見王鎮華《黃河性情長江行》頁 351。（允晨文化，民國 79 年 3
　　月初版。）
29　同註 28，頁 353。
30　同註 28，頁 353。

軀體，小王子離開了，離開了我們的地球，回到他自己小小的行星上面。也許精神生命的超越是飛翔於群星之間的唯一方法，也許死亡並不是生命的盡頭，但小說寫到最後，卻再也掩蓋不住那份天真心靈傷心失落的淡淡愁悵。

　　分析完《小王子》的故事，讀者有否覺得跟前文講論「天真者原型的意義」的部分內容相當契合呢？對小王子這樣的天真者來說，最恐懼的就是「失去天堂 —— 他們不能忍受這個世界是不完美的」，但「天真者最嚴重的缺失是幾乎完全缺乏負面生命經驗記錄系統，所以天真者的名字被命定為『受騙』或『苦難』。」「如果天真者是活在一個不分人我的完美世界中，他會是很幸福的；問題是：我們身處的是一個並不完美的人間世界。」所以對天真者來說最重要的生命學習就是「學習墮落 —— 更深的生命學習就是要學習種種人間的負面經驗及情緒，如此才有機會蛻變成更成熟的天真者。當然，許多天真者無法接受人間塵垢的洗禮，於是讓充滿不幸的人間又多了一顆天才的殞星。」小王子是「一顆天才的殞星」嗎？不管如何，小王子來到地球上是一個「幸運的墮落」，因為只有通過「墮落」的歷練，才能學會一些只有在不完美的地球上才能學到的人間功課。

　　但從群星落到人間，又從人間回歸群星的歷程，代表了怎麼樣的深層意義呢？在《小王子》的故事裡就沒有進一步的展開討論了。這是因為《小王子》最主要呈

現的只是一份天真心靈很真很真、很柔很柔的純粹與哀愁罷。那麼，天真者故事的下一章，我們在第二部作品（鹿橋的《人子》）的討論中去揭開。

## 天真者心靈之旅 2：《人子》的沉落與翻轉

天真者在人間注定要傷心、失落、受創嗎？我們且來看看鹿橋先生的《人子》如何處理另一個小王子的故事。《人子》是文壇前輩鹿橋先生的名著，是一本由十三篇故事組成的短篇小說集。《人子》數十年來廣受讀者喜愛，一直高據台灣的文學類書暢銷榜，受歡迎的程度不在他的另一本名著《未央歌》之下。《人子》的文字清新可喜，故事可讀性高，卻有著深刻的思想內涵，不易解讀；這十三篇故事都是透過寓言的形式寫成，沒有真實的歷史或社會背景，正如鹿橋所說「越過國界，打通時間的隔膜來向人性直接打招呼。」[31]也許可以把《人子》理解成是一部深邃的人性寓言。在這十三篇寓言之中，其中有兩篇跟本文所談的「天真者心靈之旅」此一命題相關。

第一篇是與小說同名的短篇〈人子〉。

〈人子〉是講一個在北印度的小國裡，一個睿智的老婆羅門法師引領該國的九歲小太子離宮雲遊及歷練的故事。原來該國的風俗是入選的小王子要在九歲生日當

---

31 見鹿橋《人子》的「前言」頁 2。（遠景，民國 70 年 1 月十五版。）

天參加受封為太子的慶典，慶典之後小太子便要跟老法師出宮六年，接受在老法師指導下、成為儲君前一連串的生命教育。在慶典中，老法師教導小王子的第一課，說：「我教你做太子的第一課是分辨善惡。六年以後，我要教你做太子的最後一課，也還是分辨善惡！」[32]其實這裡已點出了這篇作品的一個核心。

　　師徒二人離宮後雲遊江湖，小王子聰穎溫順、刻苦自勵，在老法師的指導下，劍法、技藝、經典、哲學、政事等等的學習科目都一日千里，但老法師心上卻有了隱憂，下面一段文字描寫老法師對學生的觀察是很有深意的：

> 小王子的學問愈進步，所發的議論愈深奧，劍法愈優美，老法師的憂心就愈沉重。小王子把人生與哲理融會成一體，身肢與寶劍混成一體，言語、思想與天地萬物、自然變化，合成一體。愈學習愈愛學習，也就愈是進步得快。老法師幾乎無時無刻不為這聰明絕頂的學生擔憂。[33]

讀者有沒有注意到，在這段文字裡出現了一個關鍵詞：「一體」──一連出現了三次「一體」，這是作者刻意安排的文字密碼啊！從真理的最高層次來說，萬物本來就是一體的；這種「一體性」中國人稱為「太極」（太極是生命還沒分裂成兩儀、三才……之前的初始狀態），

32 同註31，頁40。
33 同註31，頁45。

印度人稱為「佛性」（大悲佛性，一體不二，所以是無緣大慈，同體大悲）；所以從修學真理的角度來說，小王子的學習並沒有錯啊！問題是小王子並不是要成「佛」，而是要當「王」？要當一個人間的王者，又怎麼能夠一體不二呢？與老法師所教的第一課即不符合，要「分辨善惡」，又怎麼能夠一體呢？善與惡是互相對立的，所以「分辨善惡」就是二元對立啊！在無情的政治圈中打滾，權衡輕重，取大捨小，不只要懂得分辨善惡，有時還必須敵我分明哩！

於是老法師只好教小王子拯善除惡的劍法，聰明仁厚的小王子沉重的接過老師傳給他的那把開了殺戒的寶劍，從此國境內外慢慢的傳開有一個少年僧侶仗劍行俠的英名。六年彈指即逝，師徒二人便開始啟程返國，途中卻遇到一個行徑怪異的老船夫，讓渡船在河中亂擺，笑著問太子：「河這邊已經沒有英雄事業可做了，又要過河去分辨善惡，仗劍殺人嗎？」[34]小王子聽了心頭猛覺刺痛，但摸不清老船夫的來歷，回頭看老法師不知道什麼時候也已沉沉熟睡，小王子發現自己迷失了。終於到了小王子十五歲的生日，師徒二人終於回國，抱括國王與王后在內舉國歡慶迎接；到了受封的高台，老法師卻要小王子拔出寶劍，要教授徒弟分辨善惡的最後一課 ── 竟然是要小王子舉劍把老師殺了！小王子大吃一

---

34　同註 31，頁 52。

驚！提劍猶豫良久，還是無法分辨老師的善惡，這時小
說便發展到最後的結局與高潮：

> ……他（筆者按：指老法師）一步竄上壇去，劈
> 手自小王子手中奪下寶劍。……誰也攔不及，小
> 王子躲也躲不及。法師就又嚴屬、又慈悲地大喝
> 一聲：「哈！太子，你去了罷！」他一劍把太子
> 劈成兩半。……老法師自己知道這位才華蓋世的
> 太子，終久是不宜作國王的。老法師教了他六年，
> 最後還是承認教育失敗了。太子屍身不倒，不流
> 血，只自壇上慢慢昇起，到了半空，合成一個打
> 坐說法的姿勢。大家望見他兩手合十向四方膜
> 拜。然後又俯身拜謝老師。隱隱地自空中傳下他
> 嘆息又感激的聲音。……成了佛的太子就慢慢昇
> 高，一直昇到看不見了。「善哉人子！善哉人子！」
> 法師像是歌誦著說大家聽見了，也就同聲這樣歌
> 誦著。[35]

談到這裡，要提醒讀者閱讀寓言小說「不要當真」的要
領，不必對小王子的死亡起太多的移情作用而反致忽略
了作品的深層意義；所以小王子的「慘死」、「升天」
其實都是象徵語言、文字密碼。〈人子〉這一個短篇其
實是要告訴我們兩個價值觀完全不同的世界 —— 分辨善
惡的人間世界與不分辨善惡的佛世界，也就是「人間與

---

35 同註31，頁59至60。

天上」啊！〈人子〉中這個才華蓋世的太子其實是一個仁厚純真的天真者，他生命的天賦深合「太極」、「佛性」的本質，深諳萬物一體的境界，所以小王子最後能夠開悟、成佛、升天；但這樣一個天真心靈卻不懂得在人間世界尤其在政治圈中必須分辨善惡、敵我分明、甚至你死我活的叢林法則；所以仁善的小王子（天真者）能夠在真理的領域中摘取冠冕，卻必然會在政治領袖養成班中被淘汰、篩選；天真者是真理國度裡的王與佛，卻是人間國度中的白痴與智障啊！這是兩個截然不同的世界，不正是跟上一部作品《小王子》裡所分析的兩個世界正好相合嗎？「大人世界」必須分辨、界定善惡的標準，也因此會造成人間的成見與爭戰；而「小孩世界」則正是契近不分辨善惡的佛世界的一體不二的生命本質。可有趣的是《小王子》與〈人子〉同樣在講天真心靈的失落，但後者似乎對天真者的正面價值比較有清楚的肯定。

這是一點很有意思的「同中有異」：西方的小王子與東方的小王子在小說中最後都以死亡收場，東方的小王子甚至是「慘死」哩！但鹿橋在〈人子〉裡卻並不強調天真者傷心、失落的悲劇氣氛，反而是加強哲理思辨的懸疑效果；這一點有趣的「差異」可以在《人子》中的另一個短篇得到更豐富的印證。

所以第二篇接著要討論的是《渾沌》裡的「琴韻」一則。

　　鹿橋《人子》裡的十三個短篇自成一個嚴整的結構：從〈汪洋〉[36]開始，每一篇談一個故事、講一個主題，到了第十二篇〈渾沌〉是一個大收束，因為〈渾沌〉是由一則一則更短小的寓言組成，而每一則小寓言幾乎都是針對前面的十一篇故事而寫的，所以〈渾沌〉等於是一面鏡子，從不同的視野去思辨同一個問題，〈渾沌〉等於是前面十一個故事的一個回音；到最後一篇〈不成人子〉則是一個註腳、一個反照、一個反論、一個反高潮、一個有意義的句點。而〈渾沌〉中「琴韻」這一個小寓言，正是前文所談的〈人子〉的一個對照組。

　　「琴韻」同樣是在講另一個小王子的故事。這個小王子在九歲時同樣由父王禮聘一位老法師來教導他，但老法師端詳了小王子一眼，嘆了一口氣，就命人將那把分辨善惡的寶劍束之高閣，改教小王子操琴。（為什麼呢？是因為「琴韻」中的小王子比起〈人子〉中的小王子更容易被看出不適合當人間的王嗎？）到了十五歲，小王子的琴技已經出神入化，許多美麗聰明的女孩子都為他的琴聲而傾心，但只有老法師知道小王子的琴聲裡沒有靈魂，因為不知何故，小王子一表人材，就是沒有感情！沒感情的琴音就等於沒有藝術的韻致。老法師無奈之下只好出外雲遊，尋找解決的方法，最後遇到一位

---

36　《人子》中的十三篇故事的篇名分別是〈汪洋〉、〈幽谷〉、〈忘情〉、〈人子〉、〈靈妻〉、〈花豹〉、〈宮堡〉、〈皮貌〉、〈鷂鷹〉、〈獸言〉、〈明還〉、〈渾沌〉及〈不成人子〉。

老藥翁給他一服奇藥，並說：「……**你如果真要把你的學生造就成一位大音樂家，就把這一劑藥給他喫下……**」[37]老法師回宮後又聽到小王子沒有感情的琴音，就只好拿出藥來命小王子服下，哪知小王子服下藥後的片刻，便迅速老了七十多歲！這位輕易渡過了人生情感險濤的王子，在一息間把握住所有的感情與靈性，明智的臉上輝映著藝術的喜悅。天若有情天亦老啊！原來只有歷盡人間歲月的滄桑，才能懂得真正偉大的藝術。當夜，師徒二人一夜無眠，小王子在老師幫忙記錄下製作出自古以來從沒有過的動人琴譜；天明時曲調將成，小王子「**忽然覺得自己空虛得好像是一面明鏡。他那從來沒有經驗過人間感情的性格，就似乎平生第一次從這鏡子反映的影子裡嚐到了愛情的無限的變化、無窮的情調及迴蕩無止境的韻致。**」[38]

　　「琴韻」裡的小王子從太虛忘情的「天」落到歷盡滄桑的「人」，這是生命學習與真理道路的大回歸啊！「琴韻」一篇更深一層的意涵其實是說：唯有「無」的心靈才能釋放「有」的情感 ── 只有達成心如明鏡的「無為」才能安全而酣暢的展現感情豐富的「無不為」。[39]當然，回到本文的主題 ── 天真者心靈之旅，我們發現〈人

<hr>

37　同註 31，頁 225。

38　同註 31，頁 227。

39　《老子》48 章提出「無為而無不為」的哲理，其實也是在講「無中生有」的道家要旨。

子〉與「琴韻」裡的兩個小王子剛好呈現全然相反的生命道路。〈人子〉的小王子是從人間的學習提昇至天上的境界（人→天），相對於「琴韻」的小王子是從天上的生命下落到人間的感情（天→人）── 從人間成長到天上，再從天上回歸至人間；所以這兩個小王子錯綜複雜的對照，給我們呈現出一個生命的全相：生命原來是一個「圓型」的成長道路啊！

　　本文一開始提到的「內在英雄」人格分類學中，總共提出了六種生命原型[40]，其中第一個原型是「天真者」，而最後一個原型則是「魔法師」；筆者常認為天真者與魔法師是首尾相扣的生命境界：天真者是未成熟的魔法師，魔法師是已成熟的天真者。即使不提出更多「內在英雄」的內容，我們也可以很順理成章的理解到：必須由人而天再由天而人的走一遭（人→天→人），經歷更完整的生命學習，天真者才有機會蛻變成更成熟的天真者（或魔法師）。這就是生命學習的「圓義」，不是很接近中國人常說的「見山是山（人）→見山不是山（天）→見山又是山（人）」的生命歷程嗎？所以「超凡入聖」不算高，必須從超凡入聖再達至「超聖入凡」，才是生命成長道路的完成。也就是說：天真心靈必須來到人間經歷傷心、挫折、失落，然後出離到「神聖智慧」的境界，接著再從天上二返人間，完成「世俗智慧」的

---

40 「內在英雄」的六種原型分別是：天真者、孤兒、鬥士、殉道者、流浪者、及魔法師。同註 1。

修煉與洗禮，才是一趟完整的天真者學習之旅啊！原來生命是一個圓！從起點出發尋找答案，最後來到終點，才驚訝發現原來答案就是起點！只是經歷過重重考驗重新找回的起點，已經不是原先的起點了。「**眾裡尋他千百度，回頭驀見，那人正在燈火闌珊處。**」[41]只是經歷了「眾裡尋他千百度」後發現的「那人」，已經不是原來的那個人，而是指更成熟的生命狀態。

　　至於二返人間的天真者會遇到怎麼樣的歷程、挫折、痛苦、及問題，這是天真者之旅的第三章，我們可以在金庸先生的武俠小說《俠客行》裡看到很清楚的鋪展。

## 天真者心靈之旅 3：《俠客行》的超越與提問

　　《俠客行》是金庸小說中篇幅較短的一部作品，也許《俠客行》不像其他幾部長篇那麼有名及轟動，但卻是金庸小說中思想完整度很高的一部作品。在《俠客行》中，金庸通過主角人物「狗雜種」來象徵沒被文明污染的天真心靈，其實主角本身的名字已經是一組隱含相關意義的文字密碼。「狗雜種」一名象徵最卑賤的地位及身世，後來少年狗雜種改名為「石破天（驚）」，已經可以看出是作者刻意的文字安排，到了小說最後隱約透露出石破天的真名可能是「石中堅」，更是指出頑石中含藏著堅貞的璞玉的涵義 —— 一連串的文字密碼，正是

---

41 見王國維《人間詞話》第二十六則。這是王國維所談的第三種境界，頗接近成熟後的天真者的生命意義。

作者要表達出「經歷了卑賤、挫折的遭遇的天真心靈，二返人間，生命裡可能隱藏了驚人的潛力及堅定的品格」的生命奧義。這不是很接近老子所形容「披褐懷玉」的理想人格的寫照嗎？[42]而且也很接近老子對「水」的譬喻 —— 最卑下的最高貴，也最接近真理：「上善若水，水善利萬物而不爭，處眾人之所惡，故幾於道。」[43]「狗雜種」其實是一個蒙難的小王子，整部《俠客行》的故事就是在講天真的小王子如何穿透種種現實的苦難，最後摘取真理及人間的最高冠冕。

　　所以，小說最重要的主題是寫性格純樸、目不識丁的少年石破天最後卻學會最高深的武功。石破天代表的是沒被文字、知識、思想、俗世所污染的渾樸心靈，而由這顆天真心靈所發出的力量，卻可以征服最高的真理（小說中所說的「俠客島石壁圖譜」）。這不是很像那位不識一字卻成為禪門一代大德的六祖惠能嗎？那這部小說作品到底要帶給讀者怎麼樣的深層認識呢？筆者以為可以從小說情節的最高潮看出端倪：當天真純樸的石破天與天下群雄共赴俠客島的臘八粥之宴，一同參修武學的最高奧秘「俠客行神功」，哪知許多武學修為卓絕的才智之士都無法參透深奧的神功註解，最後反而是目不識字的石破天學會了全套的「俠客行神功」；所以故

---

42 「披褐懷玉」語見《老子》70 章。意思指身穿樸素的粗布衣裳，卻內藏珍貴的心靈寶玉。

43 見《老子》8 章。

事發展到這裡，其實作品的主題已經呼之欲出了 ── 對學習真理來說，文字、知識常常是一種戲論，限制靈性成長，讓人真我迷失，而因此離道（真理）日遠。（像小說中的龍島主、木島主及天下群雄因為沉迷註解而導致幾十年無法破解神功。）所以學習者必須放下一切文字、知識的成見、執著，返回原始、樸素的天真心靈，才能窺見最高的真理奧祕及生命本質。

其實小說的開頭引用李白的詩作《俠客行》中的「白首太玄經」一句，已經透露出小說的主題了：對文字、知識、學問的沉迷，讓生命及心靈衰老、浪費、消耗啊！

談到這裡，讀者有沒有發現《俠客行》這一部作品的「認識」其實很「老莊」呢？我們來看看下列二則道家的經典寓言，是否覺得跟上文所說的內容款曲暗通：

> 儵與忽謀報渾沌之德，曰：「人皆有七竅，以視聽食息，此獨無有，嘗試鑿之。」日鑿一竅，七日而渾沌死。──《莊子·應帝王》

「渾沌之死」的寓言是在講知識的管道一打開，渾沌天真的心靈即死亡。

> 蒼頡作書而天雨粟，鬼夜哭。──《淮南子·精神篇》

蒼頡發明文字，代表文明曙光乍現，卻攪出那麼大「條」的事情 ── 天雨粟，鬼夜哭。所以這則寓言的深層意義是指：文字一出現，即是無數的劫難與災禍的開端。從這則寓言可以看出中國人很早就了解文字、知識的危險性，譬如共產主義及毀滅性武器的發明等等，不都是禍

延無數生靈的知識災難？

　　除了反面的討論文字、知識的災難，《俠客行》也有正面的提及天真心靈的威力。小說中許多的武林高手像謝煙客、貝海石、及張三李四等人，都曾經因為不同的理由或誤會計算過少年石破天，但小說中描寫的種種機心、計謀、城腑在質樸天真的石破天之前全不管用，所有的陰謀全然瓦解冰消。像謝煙客帶小石破天上摩天崖，沿路上不斷設法引小石破天上當，卻被小石破天的天真爛漫弄得啼笑皆非的一段描寫，是非常逗趣而深刻的故事情節。進一步，在小說的最後一回「我是誰？」裡，金庸先生討論到更深一層的認識：「我是誰？」所隱藏的深意是講天真心靈最後無法定位自我生命的真實身分啊！從小說的淺層結構來說，石破天的養母梅芳姑最後自殺，於是石破天無法確定自己到底是梅芳姑撿來的養子？還是石清閔柔的真正次子石中堅？其實從深層結構評論，小說真正要說的是：天真、完美的生命來到這個不天真、不完美的人間，是有功課要學習的，就是要學習這個不完美世間的種種七情六慾及負面經驗，這正是形上心靈來到繁塵俗世的生命意義；天真者必需穿透種種波折、磨練，學好人間功課，而最後的一門功課，就是二返人間的天真者必須找到真我、認清更真實的及更完整的自己（包括天上的心及人間的緣），才能蛻變成更成熟的天真者啊！這也是上文提到天真者需要一個「幸運的墮落」的真義罷，也是「天真者是未成熟的魔

法師，魔法師是已成熟的天真者」的深層意義，因為天真者只擁有天上，而二返人間的魔法師卻同時擁抱天上與人間。小說的最後結束於石破天的一片迷惘：

　　「我爹爹是誰？我媽媽是誰？我自己又是誰？」[44]

我是誰？誰是我？誰是真我？這個問題的答案是不可能由別人來告訴自己的，答案只能由自己去尋找及證成。

　　從《俠客行》這部寓言小說可以得到正、反兩方面的啟發：「真心見道與知識災難」。《俠客行》所提出的正面命題「真心見道」，是一個「生命現象」，也是一個「方法論」。只有真心，才能見道，而這個「道」的涵義同時指攝天上的道及人間的道。反面來說，「知識學習」有時反會成為一種障礙及迷惑；「知識學習」走至極端會使真我迷失啊！

　　回到本文的主題，《小王子》談天真心靈的細緻及哀傷，《人子》中的《人子》及「琴韻」卻整理出一個天真心靈之旅的「圓型」道路，而《俠客行》則偏重在談二返人間的天真心靈的潛力、可能性、及問題。也就是說，在《小王子》中，天真者的「天上身份」與「人間身份」是分裂的，兩者不能並存；到了《人子》，卻指出這雙重身份同時存在的「圓型」；最後在《俠客行》則揭示了兩者合一的可能性。天真者啊！你在人間的名字是「苦難」，但你要鼓起勇氣走上一趟二返人間的英

---

44 見《金庸作品集》之《俠客行》最後的結局。（遠流。）

雄之旅，一個「幸運的墮落」在前方等著你哩！只要能夠通過重重驗證最後尋回真我，你將猛然發現：自己不但是真理之王，也同時是人間之王。

## 最後的聯想

本文所討論的三部小說作品，通過其鮮活的藝術感染力，為我們清晰而傳神的印證了天真者心靈之旅的哀傷與超越、沉落與提昇、悲劇與榮光、人間與天上、神聖智慧與世俗智慧、天然的天真與成熟的天真……等等的靈性成長的「圓義」。是的！天真者有達成「圓滿」生命境界的可能。孟子不是說：「**大人者不失其赤子之心。**」[45]老子也說：「**復歸於嬰兒。**」[46]大人與赤子的生命狀態可以結合為一啊！而「復歸於嬰兒」是一個更深刻而自覺的生命回歸。談到這裡，筆者聯想到金庸小說人物裡的「老頑童周伯通」[47]，這不正是一個天真者在人間的「成功經驗」很好的例證嗎？

但，筆者隨即反面的聯想到更多藝術及歷史的「殘缺」——相對於「圓滿」而言，藝術世界及歷史洪流其實留下更大量的「殘缺」啊！譬如：小說作品人物裡的關羽、賈寶玉……甚至真實歷史人物中的屈原、項羽、

---

45 見《孟子・離婁篇》40章。
46 見《老子》28章。
47 「老頑童周伯通」的故事見《金庸作品集》之《射鵰英雄傳》及《神鵰俠侶》兩部作品。（遠流。）

李白、李煜、莫札特……等等，這些不都是在各個層面裡表現得傲慢、自我、才華橫溢、充滿熱情及理想、但想法天真的天真心靈嗎？但他們不都是由於對現實世間缺乏深刻的認識而落得「不得善終」的人生結局嗎？到底有多少天真心靈掩沒在無情的歷史洪流之中？又難道達成「圓型」道路的成熟的天真者只是一個理論上的存在，而不真正見容於現實無情的人間世？

　　筆者又聯想到西洋占星學中所描繪的十二種性格傾向（一般稱為「十二星座」），其中最後一個「雙魚座」正是描寫這樣一個既天真又古老的憂傷靈魂；讀者也許會認為占星學是迷信，但這說法正確與否不是本文的重點，因為通過占星學名家琳達·古德蔓優美而且充滿機鋒的文字，讓我們真實的感受到下文談的雙魚座，根本就是前面所說的那個傷心、失落、迷人、天真、深邃的小王子的真實寫照：

> 典型的海王星心靈沒有貪慾。[48]（筆者按：雙魚座的保護星正是海王星。）
>
> 占星學家所說的「老靈魂」意指一個經歷許多生命，而保留了每一段智慧的靈魂。通常他們指的是雙魚座，因為魚的生命若非靈魂所能選取最困頓的重擔，或就是最能完美滿全的機會。[49]如果

---

48 見琳達·古德蔓（Linda Goodman）著《太陽星座·雙魚篇》頁 37。
　　（尖端，1994 年 5 月初版。）
49 同註 48，頁 48。

> 你曾試著盯著這條幻影般飛閃的魚，你會明顯發
> 現他那希臘悲劇似的特質。[50]雙魚座在悟世太深
> 以致無能表達的孤獨中活過一生。[51]

是否能在上述描寫雙魚座的文字裡看到更多天真者的生
命秘密？也許在歷史上真能達成更成熟、圓滿的天真者
境界的是那些「聖賢型態」的人物罷。只是聖賢們凸顯
了智慧、圓滿的生命面相（魔法師原型），而容易掩蓋
了細緻、天真、純粹的身影（天真者原型）；因此要發
現聖賢人物的生命核心的天真心靈的端倪，恐怕要做更
多、更深的考據及分析功夫，但這是另一篇文章所要面
對、處理的工作了。

（本文原發表於《中華人文社會學報》第七期，
　中華大學人文社會學院，民國 96 年 9 月出版。）

---

50　同註 48，頁 51
51　同註 48，頁 52。

# 殘缺與圓滿

## —— 評論武俠小說中金庸的「悲劇藝術」與黃易的「圓型人物」的深層意義

## 摘　要

　　東方哲學中，不論儒家或佛學，都有所謂完美人格或圓型人物的理念及追尋。在儒學，是「聖」或「止於至善」的高山仰止；在佛家，即「佛」或「覺行圓滿」的終極境界。而且綜觀中西真實歷史的發展，不管根據的是「素王」（無政治實權的完美人格）或「聖王」（有政治實權的完美人格）的標準，都發現確實曾經出現契近完美的歷史人物。於是本文從哲學理念的探討作為開始，進一步以此標準去審視、分析小說世界，發現兩位武俠小說名家，金庸與黃易的作品，對完美人格及終極真理有著全然不同的人生態度及處理方式，而因此發展出「悲劇文學」與「完美風格」的不同的藝術表現。也許，悲劇藝術幫助我們更真實、徹底的面對人生尖銳的無奈，完美藝術卻帶領我們去嚮往更深層的靈性追尋。不完美與完美，不圓滿與圓滿，形成了人間故事與天上傳奇的對話及沉思。

**關鍵詞**：1.悲劇藝術　2.東西悲劇　3.金庸小說　
　　　　　4.圓型人物　5.完美人格　6.黃易小說

# 前言：問題的開始

　　問題是這樣開始的。

　　近幾年開始教授「現代小說」的課程，在講課的過程中有討論到金庸小說的悲劇氣氛，順此因緣，2007 年 5 月發表了一篇〈從「內在英雄」人格分類學論析金庸小說的人物原型〉[1]的學術論文，但在文章的最後卻留下了一個伏筆，就是金庸小說究竟是不是悲劇文學？再回思前幾年閱讀新晉武俠小說名家黃易的作品的過程中，發現黃易善於描繪「圓型人物」的寫作特點，於是不禁產生一個小說藝術中「圓滿」與「不圓滿」兩種不同風格對話的想法；思考的能量一被激發，種種靈感與點子紛紛擠進開放的心門，自然而然的想起小說大師米蘭·昆德拉的話：「小說人物不是對活生生的生命體進行模擬，小說人物是一個想像的生命，一個實驗性的自我。」[2]昆德拉的意思是說，小說裡的人物不需要「寫實」，而只是一種「創作」；更直接的說，小說人物是作者本身

---

1 拙文〈從「內在英雄」人格分類學論析金庸小說的人物原型〉見中華大學通識教育學刊第五期頁 25 至 53，民國 96 年 5 月 1 日出版。
2 見米蘭·昆德拉（Milan Kundera）《小說的藝術》頁 45。（皇冠文化，2004 年 3 月初版。）

的「自我」的一種投射（「一個實驗性的自我」）。是的！作品是作者自我的洩露啊！那麼，「圓滿」與「不圓滿」的相對的藝術風格是不是洩露出小說家的不同個性？同時，筆者也回憶起更早年的生命階段所學過的關於「完美人格」的儒佛的生命哲學。於是，種種多元的思想種子相互激盪，於是促成這一篇關於「悲劇藝術」與「圓型人物」的武俠小說的研究。也許，我們可以從激動人心的俠客故事裡，看出小說家其實是要告訴我們一些更深邃的生命消息。當然，本文選擇金庸與黃易兩位武俠小說名家來進行比較與討論，除了個人主觀的閱讀經驗以外，最主要是這兩位先生在寫作策略上採用了很接近的路線 —— 寫實主義的寫作風格。(不同、相對於像古龍、溫瑞安的浪漫主義、抽象主義的寫法。)金、黃兩位不管在武鬥、戰爭、場景、情節及內心情感上都擅長鉅細靡遺的描寫細節，但偏偏寫法上頗為接近的兩位名家卻在美學風格的選取上呈現著幾近相反的向度，為什麼？這兩種「向度」又各蘊含著怎麼樣的深層內涵？這正是促成筆者進行研究、分析最強烈好奇的動機。

## 緒論：圓型人物或完美人格的生命哲學

　　圓型人物或完美人格是本文進行討論的一個關鍵，我們先從這裡開始談起。但首先需要說明的是，本文所談的圓型人物，並不是佛斯特名著《小說面面觀》裡「圓型人物」與「扁型人物」的概念。佛斯特的「圓型人物」

與「扁型人物」意義接近「複雜人物」與「類型人物」、或「多元人物」與「單一人物」的涵義，這是關於刻畫小說人物的寫作技巧的問題[3]。而本文所用的「圓型人物」，意義則是接近宗教、哲學上完美人格或高度成熟人格的觀念。進一步從這裡必須引申出二點澄清：第一，到底圓型人物或完美人格是極純粹還是極複雜的生命狀態？這是生命義理上的大哉問，本文由於探討問題的性質不同，所以無法作更深入的討論，但下文會稍稍碰到問題的邊緣。第二，之所以借用「圓型人物」一詞，跟生命成長的「圓義」或「圓形之旅」有關，也等於跟下文談到的天真者與魔法師的觀念有關，下文的「正論上」也會有較詳細的說明。那，關於所謂「圓型人物」或「完美人格」的定義，還是要回歸傳統佛學及儒家的觀念──「佛」的內涵，以及儒家經典《大學》裡的「三綱領」。下文試著將這兩個觀點整合詮釋。

　　所謂佛即覺者──覺醒的生命。佛具備三個定義及條件，即具足

　　1.自覺，

　　2.覺他，

　　3.覺行圓滿。[4]

---

3　關於「圓型人物」與「扁型人物」的說法請參考佛斯特(E.M.Forster)著、蘇希亞譯《小說面面觀》(Aspects of the Novel)中〈第四章 人物(下)〉。(商周出版，2009年1月初版。)

4　關於成佛的三個條件，本文是參考《佛光大辭典　中》頁2605。(佛光出版社，1989年4月四版。)

「三綱領」即成就「大學之道」（大人之學的道路）
的三項要件，即

　　1.在明明德，

　　2.在新民，[5]

　　3.在止於至善。

佛門與儒家這兩個風格、路數全然不同的修行法門，卻
對圓型人物或完美人格的看法卻有著驚人的接近！兩者
都認為所謂的「完美人格」，必須達到三層境界。意義
整理如下：

　　1.第一層境界是必須做到「自覺」（讓自己充分、
　　　真實的覺醒）或「明明德」（點亮內在光明的德性）。
　　　這是「內聖」—— 幫助自己，即自助、自愛 —— 的
　　　境界。
　　　也就是說靈性成長的工作首先要從自己做起。

　　2.第二層境界是必須做到「覺他」（幫助他人充分、
　　　真實的覺醒）或「新民」（更新、教化、或點亮
　　　他人內在光明的德性）。
　　　這是「外王」—— 幫助他人，即助人、他愛 —— 的
　　　境界。
　　　也就是說靈性成長的工作的第二步在幫助他人的成長。

　　3.第三層境界是必須做到「覺行圓滿」（自覺覺他

---

5 關於《大學》三綱領中的第二項，明代王守仁的版本是「親民」，
　但南宋朱熹的版本則是「新民」，兩位大儒的看法各有所本，但筆者
　卻覺得實則意義相通，只是著眼點不同，本文採用的是朱熹的本子。

的事業達到圓滿的大成境界）或「**止於至善**」（這
更接近完美人格或圓型人物的意涵了）。

這是「內聖外王」圓融不二的終極境界 —— 其實
自我的靈性成長到了某一界線，就自然會幅射出
愛人的能量（像一杯滿溢流出的水）；相反的，
成長者在愛人助人的過程中，也會發現自己更深
刻的生命課題，從而進一步修正自己的內在靈
魂。即是說內聖會自然流溢出外王事業，外王其
實也蘊含了更深的內聖種子。生命到了這一層境
界，內聖外王是一體不二的。

也就是說靈性成長的工作的最後一步，是不管在
內聖外王、自助助人、自愛他愛的工作上都湊達
大圓滿的最高境界。

從上述儒佛兩家的定義，我們看到所謂的完美人格
或圓型人物包含了「內聖、外王、圓滿」這樣的三層境
界；但，更深刻的分析，會發現這三層境界其實是由兩
條道路雙管穿透的；也就是說，作為一個完美人格或圓
型人物必須符合下列兩個方面的標準：

1.這樣的人必須擁有真實、豐富的「內聖」歷程，
他下了很深的工夫在自助、自愛的品格養成上，
這是一個心性意義上的強者，他經歷過「超凡入
聖」的修養過程，從人間進化至天上，即傳統所
謂聖、佛的生命狀態。

2.同時完美人格能夠建立、開創「外王」的事業，

　　　　他投注很深的心力在助人、他愛的愛人事業上，
　　　　他是一個社會意義上的強者，他再經歷「超聖入
　　　　凡」的生命之旅，從天上回返至人間，即傳統所
　　　　謂王者的生命狀態。

　　是的！一個完美人格或圓型人物必須同時是聖佛與
王者，他必須同時擁有心性與功業上的高度成熟，他必
須同時是天上與人間的典範，而且同時掌握神聖智慧與
世俗智慧！在《中庸》這一篇經文裡，除了「三綱領」，
另外的「八條目」即清楚的標示出這兩條道路的意義：

　　1.「格物、致知、誠意、正心、修身」明顯指「內
　　　聖」的成熟；

　　2.「齊家、治國、平天下」則是「外王」的標準。
那，誰當得起這樣的天人不二的生命境界呢？

　　事實上，這種完美的生命狀態在歷史上往往是一個
真實的存在。筆者立即想到被稱為「素王」的孔子 — 無
冕的王者，意思是孔子之所以為孔子，最主要是表現在
人格的典範及對文化事業的貢獻上，但從孔子所開創的
儒家思想一直影響著漫長的中國歷史，其影響力甚至波
及到今天許多受儒家文化穿透的亞洲地區；所以孔子在
世時雖然並無政治上的地位及功業，但從更宏觀的角度
來說，其影響的廣度（空間）及深度（時間）更超越了
歷史上任何一位真正的帝王，自然當得起「無冕王者」
之稱。也就是說孔子不但具有「明明德」的內聖功夫、
「新民」的外王事業，他對人類的貢獻也具備「止於至

善」的氣象了。佛陀的情形也相仿：佛陀手創的佛教不只影響亞洲地區，影響的廣度恐怕更在儒家思想之上，同理，他當然也具有「自覺」的內聖功夫、「覺他」的外王事業，以及「覺行圓滿」的生命境界。然而，孔子與佛陀畢竟是偏向「心靈導師」的身分而廣及「人間領袖」的事功，那有沒有剛好相反的情況而一樣屬於完美人格的例子呢？那就不是「素王」，而是所謂「聖王」的人格觀念了。關於「聖王」的歷史人格，在東方，筆者想到的是周朝初年的文王、武王、及周公的姬氏父子，在西方，則是羅馬的凱撒。

　　關於文、武、周公的事蹟及周朝的氣象，可參考司馬遷《史記》裡的〈周本紀〉、〈齊太公世家〉及〈魯周公世家〉等文章。這些文章記錄了文、武、周公的「聖王」典型，意思說這三位周朝初年的政治領袖不但成功的建立了「政統」，也同時掌握了「道統」；他們既開創了「外王的事業」，也完成了「內聖的德業」；他們基本上是「人間領袖」的身分，而兼具「心靈導師」的素養。所以不同於孔子、佛陀的「素王」（無冕的王者），他們是掌有實權的「聖王」（有冕的王者）。「聖王」的意思是不只有德，而且是真正具有政治實力的。（文、武、周公的功業不必多說，至於德行，最著名的例子是周文王與周公旦與中國文化裡最重要的經書 ——《周易》—— 的創作及編撰有著密切的關係。）筆者認為周朝初年可能是中國歷史上第一個浪漫主義時代（第二個浪漫

主義時代是後來輝煌的唐朝），它的政治領袖傳奇式的
達成了政道合一的理想，但後代歷史的發展，政統與道
統卻愈來愈趨於分裂了。

　　至於西方歷史上「絕無僅有的凱撒」[6]，則是古代西
方世界政治格局的奠基者。論者稱他為：

> 有巨大的創造力，有透徹的判斷力，有高超的平
> 衡能力，有堅強的意志力，有所有這些力量所形
> 成的偉大力量，充滿了共和與民主的理想，卻又
> 具有天生的王者風範，一個近乎完人的人。……
> 一個出色的人的標本。

進一步又說：

> 這是一個巨人，又是一個偉人。人們往往把巨人
> 與偉人混為一談，而不太注意二者之間的區別。
> 在這個世界的歷史上巨人很多，偉人卻很少。做
> 巨人只要有超凡的力量與鋼鐵的意志，做偉人卻
> 還要有寬闊的襟懷，和充滿同情的沒有被力量和
> 意志硬化的心靈。做了巨人的總缺少做偉人應有
> 的仁慈與正直，而具有仁慈與正直之心的人，又
> 往往缺乏做巨人應有的力量。巨人都是有鐵腕
> 的，偉人的手必須同樣有力，卻不能有鐵的堅硬
> 與冰冷。這種手的力量在於推進社會的前進，而
> 不是阻礙歷史的發展；在於激發出社會的活力，

---

6 本節關於凱撒的論述見鄧南海《秦漢羅馬》之〈第三章：皇帝與凱
　撒〉中「絕無僅有的凱撒」一節。（知本家文化，2007 年 5 月初版。）

而不是壓抑公眾的感情。[7]

結合了「巨人」與「偉人」雙重力量的凱撒，即很契近上文所談的政統道統兼具、外王內聖並存的「聖王」標準了。

不管是「素王」或「聖王」，都論證了歷史上完美人格的存在；那，藝術領域呢？小說家又怎麼樣處理、表現完美人格或圓型人物的內涵及形象？

## 正論上：金庸小說的悲劇藝術及其深層意義

看完上一節關於完美人格或圓型人物的生命哲學及歷史現象之後，接下來，相反的，我們先行討論完美的鏡像 —— 金庸小說中一種不完美、不圓滿的藝術氣氛。

作為現代文學中很豐碩、很重要的成果之一，金庸先生寫出來的武俠小說卻是很深刻、很強烈的悲劇文學 —— 小說的悲劇性隱藏在故事情節的底層，所以深，唯其埋得深，更可以觀察出作者對人間的不完美的強烈看法。其實，關於這一點，是可以從金庸的人生歷練看出一點端倪的。

金庸，原名查良鏞，一九二四年生於浙江海寧，後因戰禍避居香港。金庸畢生從事新聞工作，所以能夠長期從一個媒體人的角度觀察、關心像抗日戰爭、國共內戰、文化大革命等等的亂世事件，而因此影響到他作品的批判性。（最明顯的例子是《笑傲江湖》中的日月神

---

7 同註6，頁170。

教與《鹿鼎記》中的神龍教,都有著諷刺中共政權的影子。)那,是否也有影響到他的小說的悲劇傾向?

就讓我們回到小說內部開始討論罷,本文先丟出筆者認為金庸小說是不完美藝術的理由,有二:金庸小說的不完美人物及小說結局的悲劇氣氛。如果說小說作品真是作者祕密自我的洩露,那麼下文將會進一步討論到金庸小說對主要人物的描繪及對結局氛圍的安排,是不是正好透露出作者本身性格的傾向與時代背景限制的問題?

其實,關於金庸小說的悲劇性,已有其他學人注意到個中端倪,本文只是正面、正式的提出。譬如,曾志朗及莊瓊如兩位學者即提出「情緒字」這一個別開生面的研究工具,兩位學者利用電腦軟體去分析金庸小說中的用字,藉以觀察金庸先生五部主要作品的悲劇氣氛或喜劇性格,如下表:[8]

| 書名 | Cognitive Capacity | | Emotion Index | | |
|---|---|---|---|---|---|
| | Tokens | Types | P.E. | N.E. | P.E.／N.E. |
| 書劍恩仇錄 | 435,313 | 3,685 | 0.394 | 0.207 | 1.125 |
| 射鵰英雄傳 | 757,561 | 4,210 | 0.461 | 0.216 | 2.134 |
| 神鵰俠侶 | 802,426 | 4,092 | 0.423 | 0.376 | 1.903 |
| 天龍八部 | 1,022,633 | 4,439 | 0.384 | 0.234 | 1.641 |
| 鹿鼎記 | 994,522 | 4,163 | 0.479 | 0.184 | 2.603 |

備註:
P.E.（Positive Emotion）＝喜、樂、笑、悅、愉、愛、歡
N.E.（Negative Emoion）＝怒、哀、悲、憤(忿)、怨、哭、苦、恨、厭、愁

8 曾志朗、莊瓊如的文章及研究方法見《金庸小說國際學術研討會論文集》頁141至150。（遠流,1999年12月初版。）

稍加說明的是：表中所謂的 Tokens 是指小說作品的總字數；

Types 是指該小說所用過的「不同的字」的總數；

P.E.是備註中所列的正向情緒字在該小說中使用字數的百分比；

N.E.是備註中所列的負向情緒字在該小說中使用字數的百分比；

最後，P.E.／N.E.就是正向情緒字的百分比除以負向情緒字的百分比所得到的該小說作品的「情緒指標」（Emotion Index）。

指標的數字愈大，表示該小說的喜劇成分愈高。五部小說中，《鹿鼎記》的情緒指標最高，表示作品的喜劇性最強；至於其他四部小說的指標都在《鹿鼎記》之下，是不是隱喻著金庸小說充斥著負面情緒的用字與氣氛？曾、莊二位的文章還提到，曾經做過五十位金庸小說迷對這五部小說的問卷調查，調查結果發現與上表的研究數據完全吻合。

即使是金庸本人也曾提過他的小說人物的「不完美性」。在《笑傲江湖》及《鹿鼎記》的後記先後談到：

> 人生在世，充分圓滿的自由根本是不能的。解脫一切欲望而得以大徹大悟，不是常人之所能。
>
> 小說中的人物如果十分完美，未免是不真實的。
>
> 小說反映社會，現實社會中並沒有絕對完美的人。

也就是說，金庸認為常人世界或現實社會是不可能出現「完美人格」的，真的嗎？其實「非常人」也是由

常人所成長及蛻變，現實社會出現完美人格的機率儘管極低，但誠如上一節所討論的，人類歷史裡曾經出現過的完美人格可是真實的存在！至少金庸作品裡極少處理小說人物「趨向」完美人格的成長歷程（這一點下文詳談）。至於為什麼會有這樣的傾向，筆者還是認為這是作品風格及作者性格使然。

另外，曾昭旭先生也曾在他的文章裡提到《射鵰》及《神鵰》的主角人物的「不完美性」，而導致「**一種理想上的遺憾**」。在曾文裡，有一段談到郭靖、黃蓉未能成為完美的人格典範的文字，是頗有深意的：

> 我不知道是因何緣故使金庸未曾如此設計。是因他們的形象已定（筆者按：指郭靖與黃蓉），不宜有變？是因要寫到如此成熟還須太多筆墨，而到神鵰俠侶時他們已非主角？是因今天本來就是個充滿缺憾的時代，太「完美」會近於癡人說夢？還是因金庸的生命中，本來深具悲劇的影子，因此畢竟對偏至不平處體會得深，對中正平和，一體圓融的理境體會得少？還是，就乾脆留一段遺憾，去費人猜疑罷！[9]

接下來，正式提出本文認為金庸小說是悲劇文學的理由，最主要是根據下列的四點觀察。前三點是關於小說人物的分析，後一點則是關於結局氣氛的安排：

---

9 見曾昭旭《性情與文化》頁 73 至 74。（時報文化，民國 70 年 10 月三版。）

## （一）金庸小說人物的負面人生經驗遠多於正面人生經驗

　　筆者曾經做過相關的研究，將金庸先生十一部主要作品中 72 位主要人物，分析成六種內在人格原型：天真者、孤兒、鬥士、殉道者、流浪者、及魔法師。接著又將六種原型歸納成「傾向負面人生經驗的人物」及「傾向正面人生經驗的人物」兩大類。請參考下頁的「一覽表」[10]。

　　用最簡單的語言，所謂負、正面人生經驗的人物的意思是指：

　　1.負面人生經驗的人物較易遇到負面（痛苦）的人生遭遇，性格中隱藏了較多黑暗面的情緒及性格，而在小說故事中也有較不好的結局、下場。

　　2.正面人生經驗的人物較易遇到正面（歡樂）的人生遭遇，性格中隱藏了較多光明面的情緒及性格，而在小說故事中也有較好的結局、下場。

　　在「一覽表」中讀者可以清楚看到，負面人生經驗的人物共有55位，而正面人生經驗的人物則只有17位！負面人物的數字是正面人物的三倍多啊！

　　因此可以清楚看到金庸小說裡描寫的人生是充斥苦

---

10　「一覽表」將小說人物列為六個原型及「正」、「負」面的理由、及相關的研究內容請參考拙文〈從「內在英雄」人格分類學論析金庸小說的人物原型〉，同註 1。

難與挫折的人生啊！滾滾紅塵中有著許多情感受傷的心靈，人間儘多受難蒙塵的英雄故事。或者可以這樣說，金庸小說裡的眾生很多都是不快樂的，當然在這些不快樂的故事裡迴盪著許多奮鬥掙扎的光輝及無奈悲苦的情懷，所以說金庸小說是一種道地、典型的悲劇美學。

## 金庸小說人物內在人格原型一覽表

| | | 金庸小說中的天真者 | 金庸小說中的孤兒 | 金庸小說中的鬥士 | 金庸小說中殉道者 | 金庸小說中的流浪者 | 金庸小說中的魔法師 |
|---|---|---|---|---|---|---|---|
| 傾向負面人生經驗的人物 | 書 | 香香公主 | | | 陳家洛 | | |
| | 碧 | | 金蛇郎君、夏青青 | | 袁承志 | | |
| | 射 | | | 歐陽鋒、鐵木真 | | | |
| | 神 | 小龍女 | 楊過、李莫愁 | 金輪法王 | | 黃藥師 | |
| | 飛 | | | | 胡斐、苗人鳳、程靈素 | | |
| | 倚 | | 謝遜 | | 張無忌、武當七俠 | | |
| | 連 | 狄雲 | | | 丁典與凌霜華 | | |
| | 天 | | 阿朱、阿紫、游坦之 | 鳩摩智、四大惡人、慕容復父子 | 喬峰 | | 段正淳 |
| | 俠 | 狗雜種石破天 | | 白自在 | | | |
| | 笑 | | 林平之 | 左冷禪、余滄海、岳不群、任我行、東方不敗 | 儀琳 | 令狐沖、梅莊四友 | |
| | 鹿 | | | | 陳近南 | | 韋小寶 |
| 傾向 | 書 | | | | | | 阿凡提 |
| | 碧 | | | | | | |

| 正面人生經驗的人物 | 射 | 周伯通 | | | 郭靖、洪七公 | | 黃蓉 |
|---|---|---|---|---|---|---|---|
| | 神 | | | | | | |
| | 飛 | | | | | | |
| | 倚 | | | | | | 張三丰 |
| | 連 | | | | | | |
| | 天 | 段譽、虛竹 | | | | | 掃地僧 |
| | 俠 | | | | | | |
| | 笑 | 桃谷六仙 | | | | | 任盈盈 |
| | 鹿 | | | | | | 康熙 |

## （二）金庸小說中的非圓型人物遠多於圓型人物

　　從上面的「一覽表」，不只可以看到在金庸小說裡，負面人生經驗的人物遠多於正面人生經驗的人物；也同樣可以看出非圓型人物遠多於圓型人物。

　　更具體的說，所謂圓型人物或完美人格指的是天真者及魔法師的原型，因此，下文先將六種「原型」的生命特點比較如下：

　　1.天真者的性格特點就是「天真」，生命主題是「全然信任人性、世界、與別人」，缺點是「不知人生負面經驗的存在與危險」，天真者的情緒通常處於「純潔與快樂」之中，這是一個天然的完美人格及未成熟的魔法師。

　　2.孤兒的性格特點就是「孤獨」，生命主題是「對安全感的渴求」，缺點是「缺乏獨立的精神」，孤兒的情緒通常處於「被遺棄的痛苦」之中，這

是一個痛苦型態的人格。

3.鬥士的性格特點就是「競爭心」,生命主題是「求
勝」,缺點是「太好強及目標導向的個性」,鬥
士的情緒通常處於「自制、壓抑、亢奮」之中,
這是一個戰鬥型態的人格,容易顧慮別人對自己
不夠好。

4.殉道者的性格特點就是「關懷別人」,生命主題
是「自我犧牲與責任」,缺點是「太忽略自愛的
重要」,殉道者的情緒通常處於「壓抑、不敢表
達自我負面情緒」之中,這是一個情感型態的人
格,容易顧慮自己對別人不夠好。

5.流浪者的性格特點就是「冒險與流浪」,生命主
題是「探索自我」,缺點是「傾向逃避現實與責
任」,流浪者的情緒通常處於「與孤獨感奮戰的
感覺」之中,這是一個追尋型態的人格。

6.魔法師的性格特點就是「靈動與開放」,生命主
題是「擅於擁抱二元對立性」,缺點是「太過多
元與開放會容易流於沒有標準」,魔法師的情緒
通常處於「寬容、開放、多元、快樂的心態」之
中,這是一個逐漸成長的完美人格及已成熟的天
真者。[11]

從上面六種生命原型比較的特點中,可以清楚看到
中間四種原型 —— 孤兒、鬥士、殉道者、流浪者 —— 各
自擁有不同的痛苦、顧慮、或負面情緒,只有天真者與
魔法師比較接近完美人格或圓型人物的生命型態:

1.天真者擁有「天賦的完美」及「天然的歡樂」,

---

11 關於六種生命原型的詳細內容請參考拙文,同註 1。

　　是「首度成熟」的生命狀態，天真者的完美是「本質意義的完美」，天真者是未成熟的魔法師。

2.魔法師擁有「靈性成長的完美」及「超越痛苦的歡樂」，是「二度成熟」的生命狀態，魔法師的完美是「成長意義的完美」，魔法師是已成熟的天真者。

　　這是一個生命之圓啊！從天真者出發（孩童狀態，見山是山），中間經歷了四個學習的歷程（孤、鬥、殉、流，見山不是山），繞了一個圈，最後回到始點，天真者變成了魔法師（「大人」狀態，見山又是山）。修行大師奧修曾經說：「真正的聖人會再度變成一個小孩，那個圓圈是完整的 —— 從小孩回到小孩。」[12]

　　也就是說，天真者與魔法師分別展現完美人格的「小孩」版本與「大人」版本、「天上」版本與「人間」版本，但小孩大人、天上人間其實是一體的兩面，對一個圓圈來說，頭與尾、始點與終點，最後都會相遇在同一個點上。

　　接下來，如果把上頁的「一覽表」進一步整理成下面的「簡表」，即可清楚看到完美人格或圓型人物在金庸小說裡的微弱比例：

---

12　見奧修《生命的遊戲》頁282。（奧修出版社，2002年9月初版。）

## 金庸小說人物內在人格原型簡表

| | 金庸小說中的天真者 | 金庸小說中的孤兒 | 金庸小說中的鬥士 | 金庸小說中的殉道者 | 金庸小說中的流浪者 | 金庸小說中的魔法師 |
|---|---|---|---|---|---|---|
| 傾向負面人生經驗的人物（以11部小說為範圍） | 4 | 9 | 16 | 18 | 6 | 2 |
| 傾向正面人生經驗的人物（以11部小說為範圍） | 9 | 0 | 0 | 2 | 0 | 6 |
| 總　　數 | 13 | 9 | 16 | 20 | 6 | 8 |
| 人數上的排名 | 3 | 4 | 2 | 1 | 6 | 5 |

在上文的「簡表」中，可以看到天真者加上魔法師的人數只有「21」，而其他四種非完美原型加起來的總人數則是「51」，非完美原型的小說人物是完美原型的一倍多！另外，天真者及魔法師在人數上的排名分別是「3」及「5」，魔法師的人數只有八名明顯偏低，至於天真者裡的十三人，如果桃谷六仙這一組人物以一人計算，則實際上天真者也是只有八人，與魔法師的人數相當，同列人數上排名的第「5」，都是低排名。更深一層考慮，其實排名在天真者及魔法師之下的流浪者（只有六人），之所以會在金庸小說中人數最少，正好更深一層的顯示出金庸小說的悲劇風格，這一點將在下文詳細說明。

　　換一個角度觀察，如果更精細的分析這十一部金庸小說裡的男主角（通常武俠小說裡的男主角的「戲份」比女主角要吃重許多）的生命原型，我們發現幾乎得到相同的分析結果。如下表：

### 金庸小說男主角人格原型分析表

| | 11 部金庸小說的男主角 | 內在原型 |
|---|---|---|
| 書 | 陳家洛 | 殉道者 |
| 碧 | 袁承志 | 殉道者 |
| 射 | 郭靖 | 殉道者 |
| 神 | 楊過 | 孤兒 |
| 飛 | 胡斐 | 殉道者 |
| 倚 | 張無忌 | 殉道者 |
| 連 | 狄雲 | 天真者 |
| 天 | 喬峰 | 殉道者 |
| | 虛竹 | 天真者 |
| | 段譽 | 天真者 |
| 俠 | 石破天 | 天真者 |
| 笑 | 令狐沖 | 流浪者 |
| 鹿 | 韋小寶 | 魔法師 |

　　在「分析表」中，可以看到十一部小說裡的十三位男主角，共有「6」位殉道者、「1」位孤兒、「1」位流浪者 —— 非完美原型佔了「8」人。另方面，完美原型中，天真者及魔法師分別是「4」及「1」位，共「5」人，明顯的完美人物並不是金庸小說裡的主流。而且從更深層的意義上分析，天真者只是「準」完美人物、是「未經練歷」的完美人物，所以真正屬於完美人格或圓型人物的其實是魔法師，而在十一部小說的男主角裡 則只有

「1」人！（而且是最後一部作品裡的「反俠者」形象的韋小寶？）

　　即使更精細的分析，我們也會發現這十三位男主角幾乎都在性格上有著重大的缺點：從《書劍恩仇錄》開始，男主角陳家洛身上已經有著一種不合時宜的書生氣與頗為濃郁的悲情性格；《碧血劍》裡的袁承志武功超凡，卻缺乏面對艱難時局及愛情難題的超凡勇氣及意志；到了《射鵰英雄傳》的郭靖，德武兼備，儼然是一代大俠的典型，但郭靖性格過於樸直，金庸又未安排他進一步蛻變成更圓熟的人格典範（其實在《射鵰英雄傳》的後段，有一段文字正是描述郭靖內心的掙扎、彷徨、及突破，但到了《神鵰俠侶》，郭靖的「成長」卻缺乏進一步的發展），所以論者有以為楊過最終放棄俠者事業而歸宿於小龍女虛靈清靜的生命境界的隱痛，即不得不歸咎於郭靖的「不善教」[13]；相對於平和厚實的郭靖，《神鵰俠侶》的楊過卻展現出巨大的生命力、悲情、及性格中的缺陷美，整部《神鵰俠侶》幾乎都充斥著這位神鵰大俠不凡一生裡的苦雨悲風；如果說楊過的悲劇一半是由於宿命，一半是由性格造成，那胡斐呢？比起楊過，《飛狐外傳》裡的胡斐要承受更嚴峻、漫長的家族悲劇（關於胡、苗、范、田四個武林世家之間詭譎駭人的國族情仇，則要看《飛狐外傳》的前傳《雪山飛狐》），

13 見曾昭旭先生的文章，頁 77，同註 9。

但胡斐似乎沒有楊過那般，在性格上有著巨大的缺點與衝動，胡斐似乎兼得郭靖及楊過之長 —— 郭靖的穩重加上楊過的機智，而且還多了一份郭、楊所沒有的豪邁之氣（似乎是傳自他的父親遼東大俠胡一刀），但金庸偏偏要安排這位豪邁過人的胡斐在故事的最後承受愛情悲劇的生離（袁紫衣）及死別（程靈素），看來金庸真的比較喜歡殘缺的人生故事；至於到了《倚天屠龍記》的張無忌，武功驚人但隨和軟弱的性格特點，更是凸顯得清楚不過了；《連城訣》的主角狄雲雖然是一個天真者，卻是一個充滿負面人生際遇的天真者 —— 一個天真者落難人間的悲劇形象及故事；《天龍八部》卻是一個反例，幾乎接近完美人格的喬峰最後壯烈犧牲，但有著嚴重不識時務性格的天真者段譽及虛竹卻得到幸運的安排；至於《俠客行》裡的狗雜種石破天，則明顯是一個未成熟的天真者原型，故事最後安排他陷入不知真正父母是誰的困惑，其實是作者要表達天真心靈尚未找到真正自我及生命根源的深層涵義，所以石破天只能算是一個未湊成熟的「準」完美人格；《笑傲江湖》的令狐沖則是另一種自由者、隱士、或流浪者的性格類型，令狐沖豁達大度、自在瀟灑，但似乎缺乏了一份衝勁及積極，所以他的心靈自由常常會被情感因素所羈絆；反而到了金庸的最後一部作品《鹿鼎記》，主人翁韋小寶雖然是一個市井之徒，性格狡猾多詐，但細心想起來，韋小寶似乎並沒有重大的性格缺點，而且充分展現出機變百出的魔

法師性格，硬要挑毛病的，是韋小寶欠缺了「內在的修養」罷，但用這樣的標準要求韋小寶，似乎有一點文不對題。

綜合來說，十三位男主角中，共有十位非圓型人物，其中較接近圓型人物或完美人格的喬峰、胡斐、及韋小寶，前二人卻是悲劇的英雄，而韋小寶跟上文所談的圓型人物或完美人格的生命哲學的「內外皆美」的定義，很清楚的仍然有著很大的差距。

根據上文不同角度的觀察，都可以看到金庸小說中的非圓型人物遠多於圓型人物的現象。正如金庸本人說的「小說反映社會，現實社會中並沒有絕對完美的人。」這裡正好表現出一個小說家的「想法」，而想法影響到小說作品的風格及傾向 —— 金庸小說是一種「不完美」的美學，金庸小說裡充斥著天殘地缺的人生。

## （三）金庸小說中極欠缺流浪者或遊俠形象的追尋型態的人物

第三點的「人物分析」碰到一個深刻的問題：金庸小說人物所遇到的「成長」，大部分都是「武功的成長」（技術層面的成長），偶爾會談及「閱歷的成長」（經驗層面的成長 —— 隨著時間的推移，小說人物的人生的閱歷變豐富了，但性格的基型、原型沒變），卻幾乎沒有提到小說人物「內在或靈性的成長」（心靈層面的成長 —— 唯有內在的心性、意識、靈性的提昇，人才有可

能進一步超越、突破他的性格限制）。關於這三種「成長」—— 技術知識的成長、人生閱歷的成長、內在心靈的成長 —— 當然第三種成長是最究竟、最核心的，奧修說：

> 心智圓熟跟你的生活經驗無關，它跟你內在的旅程或內在的體驗有關。……一個人越是深入他自己，他就越成熟。……成熟對我而言是一種心靈現象。[14]

而本文引用的六種生命原型之中，與「內在心靈的成長與探尋」最有關係的，正是金庸小說裡出現得最少的流浪者原型。

筆者曾經在相類的論文裡提過關於流浪者的生命特點，認為他們：

> 不信任教條式的答案，不信任來自權威的答案，而去尋找屬於自己的真理與道路。我們都必須有一段孤獨的時光，以便認識自己；我們每天都需要一段獨處的時間，才能保持心靈的清醒。

同時談到：

> 金庸小說中不乏冒險犯難的英雄，也不缺小說主角學藝練武的成長故事，但鮮少提及從事『內在探索及蛻變』的生命之旅。舉一個反例，在同類型小說中，新一代的武俠小說家黃易在其名著《大唐雙龍傳》中，處理其主角人物徐子陵，就使用

---

14 同註 12，頁 331 至 332。

> 了大量的內心掙扎、蛻變、及成長的心理描述，
> 並且一再描繪徐子陵的內在修鍊，而徐子陵剛好
> 是一個流浪者原型的英雄。當然，金庸與黃易這
> 兩位小說家的時代背景不同，金庸先生幾乎不處
> 理完美型態的人物及故事……

而且最後定調：

> 金庸小說著重寫『人生』，而不是『生命』；金
> 庸小說強調『人生的歷練』，而不是『心靈的探
> 索』；金庸小說主要是『寓言作品』，而不是『心
> 理小說』；所以流浪者原型的人物自然不在小說
> 中佔據一個重要的位置了。[15]

是的！金庸小說寫流浪者寫得最少，而且缺乏正面經驗
—— 從上文的「一覽表」清楚看到流浪者只有六位（六
種原型裡人數最少的一種），而且都是傾向負面人生經
驗的人物，也許真的可以確定：追尋內在靈性的成長，
並不是金庸小說中的主要筆墨。

　　還有一個有趣的問題，就是關於「俠」的名稱：不
管稱為「俠客」或「遊俠」，其實都隱含了俠者的雙重
個性：

　　1.「俠」指的是救難、仗義、助人、承擔責任的情
　　　懷，這是一個「助人者」，傾向六個原型裡的「殉
　　　道者」性格。

---

15 同註 1，頁 37、48 及 49。

2.「客」或「遊」指的是過客、遊戲、自由、不承擔責任的逍遙，這是一個「自由者」，傾向六個原型裡的「流浪者」性格。

很清楚的，從「一覽表」及「簡表」裡都可以看到，十一部金庸小說中，殉道者人物共有「20」位，是人數排名中的第一名；而流浪者人物則只有「6」位，是人數排名中的最後一名。而在「男主角人格原型分析表」中，十三位男主角裡只有一位流浪者，卻有六位殉道者！人數懸殊啊！所以金庸小說裡的俠，多的是承當人間責任的苦難英雄，卻缺乏追尋內在靈性成長的流浪者人物──金庸作品中的群俠，感人！可敬！卻缺少了開發內在靈性的自在逍遙！

## （四）金庸小說結局充斥著悲劇的情調及氛圍

前面三點觀察是從「人物分析」去論證金庸小說的悲劇藝術，到了最後的這一點觀察，則是從小說結局的情調及氣氛去感受金庸作品的悲劇氛圍。那麼，我們還是回到那十一部作品去一一設想：

1.《書劍恩仇錄》最後以香香公主犧牲，紅花會群雄復仇行動未成，群雄被迫豹隱回疆告終。總舵主陳家洛在愛情、理想兩皆幻滅的傷情下，最後只能在香香公主墳前寫上一首悼亡詩後，飄然遠去。這當然是一個典型的悲劇結局。

2.《碧血劍》的結局是世局大變，清兵入關，男主

角袁承志空有一身絕世武功，卻無力回天，最後只能率領群雄黯然遠遁海外。這也是一個不圓滿的結束。（最新改版的《碧血劍》還加上袁承志的「失戀」。）有一點啟人疑竇的：金庸在他的第一、二部小說裡所安排的結局竟然是如此雷同！這是不是作者對他所處時局的有感而發呢？

3.《射鵰英雄傳》結局的悲劇氣氛很特別，故事裡的悲劇性也隱藏得更深。小說最後安排男主角武功大成，與女主角也有情人終成眷屬，「小我」的問題圓滿解決，但「大我」的世局卻依舊天殘地破，小說的最後這樣寫著：

> 當晚成吉思汗崩於金帳之中，臨死之際，口裡喃喃念著：「英雄，英雄……」想是心中一直琢磨著郭靖的那番言語。
>
> 郭靖與黃蓉向大汗遺體行過禮後，辭別拖雷，即日南歸。兩人一路　上但見骷髏白骨散處長草之間，不禁感慨不已，心想兩人鴛盟雖諧，可稱無憾，但世人苦難方深，不知何日方得太平。[16]

也許真正的悲劇不在「小我」人生的苦難與悲辛，

---

16 金庸先生曾對他的小說作品作過兩次大幅度的修改及整理，所以關於金庸小說的版本，就有最初在報上連載的「連載版」→首度改寫的「舊改寫版」→以及近年再度改寫的「新修版」三種。「新修版」由於爭議較大，所以本文採用的是流傳最久的「舊改寫版」。這裡的引文見《金庸作品集》之《射鵰英雄傳》的文末。（遠流，1987年2月初版。）

而在「大我」命運的無解與無奈！

4.到了《神鵰俠侶》的悲劇結局，同樣用一種隱藏式的寫法，而且可能隱藏得更深更深。《神鵰俠侶》的故事結束於第二次華山論劍之後，楊過與小龍女雙雙歸隱之前，楊過所說的一番話及郭襄潸然淚下的祕密：

> 卻聽得楊過朗聲說道：「今番良晤，豪興不淺，他日江湖相逢，再當杯酒言歡。咱們就此別過。」說著袍袖一拂，攜著小龍女之手，與神鵰並肩下山。其時明月在天，清風吹葉，樹巔烏鴉啊啊而鳴，郭襄再也忍耐不住，淚珠奪眶而出。
>
> 正是：
>
> 「秋風清，秋月明，落葉聚還散，寒鴉棲復驚。相思相見終何日，此時此夜難為情。」[17]

郭襄為什麼要哭呢？曾昭旭先生認為不可以從世俗所謂傷別的的角度去著想，因為這根本不是一個世俗的場合。曾文認為郭襄在《神鵰俠侶》中是一個很特異的人物，她似乎是郭靖黃蓉的兼美，鍾天地之靈，又未成一格，本身了無表現，所以在小說中似乎只是一個旁觀者與欣賞者，那麼小說作者正好通過她的慧眼來覷見楊過與小龍女的內心隱痛及楊過生命中巨大的悲劇性 —— 也

---

17 同註 16 的《金庸作品集》之《神鵰俠侶》的文末。

許楊過內心的孤兒情結實在太過巨大亟需得到情感的補償與慰撫，也許他與小龍女實在經歷了太多人世上的坎坷與滄桑而不得不退隱療傷，也許楊龍這份愛情的虛靈玄靜實在不適合與繁華熱鬧的人間世互相對話，也許楊過的孤兒情感畢竟還是掩蓋過他的俠者情懷……總之，選擇歸向小龍女懷抱的楊過，最終不得不放棄他的行俠仗義、為國為民、飛揚熱情的生命力，也等於放棄了一個「俠」的身分，其憾之深可想而知，而此憾小龍女又何嘗不知！這正是郭襄之淚所透露與點破最隱微的意蘊與悲情罷。[18] 寫到這裡，筆者進一步聯想到了《倚天屠龍記》，有寫到楊龍的後人，神祕的黃衫女子經常吟誦的四句短詩：「**終南山後，活死人墓，神鵰俠侶，絕跡江湖。**」這是不是黃衫女子傳遞她先祖楊過的內心悲音？這四句詩是不是楊過深心隱痛的最佳寫照？也許，一份內在情懷的遺憾，會傳遞到很遠很遠之後的異代時空。

5. 相較起來，《飛狐外傳》的悲劇結局則是明顯易見了。小說的最後胡斐大敗敵人，但作者卻要讓一代豪俠殘忍的面對愛情的死別（程靈素之死）與生離（袁紫衣出家而去），而金庸也刻意讓故事結束在一個英雄的愛情悲劇之中。

---

18 這一點看法見曾昭旭先生的文章，頁 85 至 87，同註 9。

6.射鵰三部曲的第三部《倚天屠龍記》的故事結局
　即使不算是悲劇，至少也是一個留有遺憾的收筆
　—— 武功絕頂但性格仁弱的張無忌先受騙於朱元
　璋，捨棄了明教教主之位，在角逐權力的遊戲中
　自動出局，接著又在愛情的選擇上表現得搖擺不
　定，武功再高，畢竟不是一個能夠決定自己命運
　的勇者；也許就像前文所說的，金庸不喜歡把他
　的小說人物寫成完美人格或圓型人物罷。

7.篇幅較短的《連城訣》卻是一個悲劇中的喜劇。
　故事裡的狄雲性格憨直天真，卻在險惡人世連遭
　慘禍，但金庸卻給遭遇奇慘的狄雲以愛情的補償
　（水笙最終的了解及愛），算是有一個比較溫馨
　的結局。

8.《天龍八部》則明顯是一個洗滌人性的壯烈悲劇。
　不管作者在新版如何改寫段譽及王語嫣等人的故
　事，《天龍八部》的真正結局無可置疑就是蕭峰
　之死 —— 一代大俠為了千萬軍民的性命犧牲自
　己，而藉此把悲劇藝術的濃郁、深刻、及超越性
　推向最高峰。金庸到了《天龍八部》終於可以直
　接面對主角人物的死亡命運了。（據說金庸先生
　當年在寫《神鵰俠侶》時即想安排小龍女跳下絕
　情谷寒潭後便香消玉殞，但因受不了閱讀報紙連
　載的廣大讀者的強烈要求，而終於讓小龍女復
　活。）

9.《俠客行》則擁有一個喜劇中的不圓滿結局。《俠客行》與《連城訣》剛好相反，前者是寫一個天真心靈「征服」人間的故事，後者則是寫一個天真心靈在人間「蒙難」的情節；《連城訣》是悲中有喜，《俠客行》則是主角石破天學會了俠客島神功之後卻找不到自己是誰 ── 迷失自我！為小說的結局留下了一個不圓滿但有意義的伏筆。

10.《笑傲江湖》的結局似乎仍然是不圓滿的。故事的最後令狐沖與任盈盈雖然得成眷屬，但令狐沖的心靈自由似乎多少受到愛情的羈絆與侷限。

11.金庸的最後一部作品《鹿鼎記》的結局則是一個幽默式的喜劇 ── 故事的最後韋小寶很困惑，但他的媽媽韋春花卻揚揚自得的搞不清楚韋小寶的親生父親究竟是漢、滿、蒙、回、藏哪一個種族的恩客？

看完上文的討論，進一步我們可以將這十一部作品的結局究竟算是悲劇抑喜劇、以及悲劇的造成究竟是主角的性格因素還是大環境命運牽引的不得不？分析、整理成下表：

### 金庸小說結局性質分析表

|   | 喜劇結局 | 悲劇結局 | 不圓滿結局 | 悲劇的造成：由於個人性格的因素 | 悲劇的造成：由於環境命運的因素 |
|---|---|---|---|---|---|
| 書 |   | ☆ |   | 一方面由於陳家洛的性格因素 | 另方面也因為大環境的無力回天 |
| 碧 |   | ☆ |   | 一方面由於袁承志的性格因素 | 另方面也因為大環境的無力回天 |

| | | | | | |
|---|---|---|---|---|---|
| 射 | | ☆ | | | 是大環境的命運、共業造成，與郭靖黃蓉的性格沒有必然關係 |
| 神 | | ☆ | | 悲劇氣氛的結局主要是由楊過的性格及宿命造成 | |
| 飛 | | ☆ | | | 似乎是由無可奈何的命運造成胡斐的情劫 |
| 倚 | | | ☆ | 不圓滿的結局主要是由張無忌的性格造成 | |
| 連 | ☆ | | | | |
| 天 | | ☆ | | 一方面由於蕭峰的性格因素 | 另方面也因為命運發展的不得不 |
| 俠 | | | ☆ | | 《俠客行》結局的懸疑與石破天的性格無關 |
| 笑 | | | ☆ | 不圓滿的結局主要是由令狐沖不積極的性格造成 | |
| 鹿 | ☆ | | | | |

從上面的分析表中，可以清楚看到悲劇結局加上不圓滿結局的作品共有九部，喜劇結局的作品只有二部！可見金庸偏好悲劇氛圍的結局安排，怠無疑問。另外，還有一個有趣的現象，就是九部悲劇型態結局的作品中，如果進一步考慮到悲劇造成的原因：由個人性格因素造成的悲劇或不圓滿結局（神、倚、笑）、由環境命運因素造成的悲劇或不圓滿結局（射、飛、俠）、以及由個人性格因素與環境命運因素共同造成的悲劇或不圓滿結局（書、碧、天），剛好各有三部作品！這麼平均的表現，正好透露出金庸小說的悲劇藝術更深層的義涵，將在下文進一步分析。

　　從上文提出的四點觀察及理由 —— 三點「人物分析」

及一點「結局分析」，可以清楚確定金庸小說是悲劇文學！金庸小說是「不圓滿」的藝術典型，金庸小說是現代文學作品中悲劇藝術的翹楚。進一步，關於金庸小說的悲劇藝術，下文將就原因、型態、價值三個層面最後提出三點思考及結論：

## （壹）金庸小說悲劇性的時代因素

關於造成金庸小說的悲劇性的最主要原因，究竟是作者性格的因素？還是時代背景的影響？如果審視金庸的生平，會發現年輕時期的金庸隻身流落香港，二十年間創作不懈，一手創辦「明報」，成為著名報人，又與當時中共喉舌「大公報」進行筆戰，後來數十年間游走兩岸文壇，並多次會見大陸領導人，關心實際政治問題，而且隨著時間推移，他的武俠作品愈來愈被學界重視，到了晚年名利雙收；所以金庸先生應該是一位任事果決，事功型的文人，性格中照說不會蘊含著重大的悲觀傾向。如果不是性格因素，那麼，造成金庸小說的悲劇性的最主要原因，應該是「時代」罷。不錯！金庸先生的前半生確實是處於一個動盪的大時代：金庸在十三歲時即遇上引起對日抗戰的蘆溝橋事變，而因此打斷他繼續深造求學的計畫，接著到了香港，又在極近的距離目睹了國共內戰、韓戰、文化大革命等等重大的歷史事件，所以金庸可以說是用一雙小說家及媒體人的眼睛，看盡一個烽火漫天、人性善惡激盪的時代及世變；加上他從

事報業，又關心政治，因此讓這位小說家看慣了人性的醜陋與殘破、人生的沉重及艱難，而由此影響到他的小說作品的悲劇性及不完美性，這是自然而然、可以想見的發展及結果。

其實，金庸作品不只有悲劇性，還有諷刺性的一面，最著名的例子像《笑傲江湖》裡的黑木崖及《鹿鼎記》中的神龍教，都是諷刺文革時期中共政權的倒行逆施。當然，諷刺性也是另一種對不完美世間的不滿的表達罷。

動盪的時代塑造了金庸小說的悲劇性格，也同時造就了金庸作品動人的藝術力量；相反的，下文要討論的另一位武俠小說名家黃易所處的世代，則相對是一個較為盛平的時期，自然也會影響到小說家全然不同的藝術風格及表現。

### （貳）金庸小說悲劇性的藝術型態

至於悲劇藝術「型態」的問題，本文提出近代大儒唐君毅先生一個深邃的洞見。唐先生首先丟出一個論題：一般說法認為中國文學缺點之一，即缺乏西方的悲劇，唐先生舉例像水滸、紅樓、西廂，最初都為悲劇收場，但皆為世人所不滿足，而終於有後水滸、續紅樓、續西廂的出現，將悲劇轉為大團圓的喜劇結局，凡此足以證明中國人不了解悲劇藝術的美感經驗。進一步唐先生指出，其實說中國文學缺乏悲劇精神這樣的說法有欠公允，更準確的說法應該是：中國式或東方式的悲劇有

異於西方式的悲劇，中國文學缺乏的只是西方式的悲劇。所以從下面的引文可以清楚看到，唐先生點出這兩種不同「型態」的悲劇的根本差異：

> 西洋之悲劇性之小說戲劇，恆見其悲劇之所以形成，一方面由悲劇主角之沈酣於其理想或幻想，力求所以達之，而堅執其行動與事業終以其性格缺點之暴露、客觀宇宙社會之力量與內心要求之衝突而形成悲劇。故西方式之悲劇，實即主觀之力與客觀之力二者相抗爭之矛盾之所成……

更精簡的說，西方悲劇的型態是「個人主觀意志與環境客觀趨勢彼此抗衡、相互衝突」而演變得來的結果。那麼，中國悲劇的型態又如何呢？唐先生說：

> ……吾人可謂中國之悲劇意識，主要者，殆皆如紅樓夢式之人生無常感。人生無常感，即包含人間社會之一切人物，與其事業，及人間文化本身之無常感。中國之歷史小說戲劇，常皆具有此感。……此種「虛幻性」，乃直接自人間一切人物與事業所悟得，於是此「虛幻性」之悟得，亦可不礙吾人最初於人間世所具之深情。既嘆其無常而生感慨，亦由此感慨而增益深情……

扼要的說，中國悲劇的型態其實是一種「客觀環境趨勢所造成的無力回天、無法改變、無可奈何的悲涼氣氛」。舉例來說，譬如在三國中，不管個人如何的才智高絕（如諸葛孔明）、才氣縱衡（如曹操）、賢明大度（如劉備）、勇力過人（如關羽張飛），都無法絲毫動搖、改變歷史

巨輪的宏觀發展，英雄意志無法影響歷史命運啊！所以是「滾滾長江東逝水，浪花淘盡英雄」！又如水滸英雄像唐先生說的：

> 皆頂天立地，直上直下，故上不在天，下不在地，中不在人，而在天地之濱，在水之滸，在望招安之宋江之下，亦可悲也。施耐菴著水滸在元時，元之時代，乃中國文化精神上不能通於政治，下不能顯為教化，而如煙如夢……此時代中人，皆有悲涼之感焉……倪雲林之畫與水滸，乃表現同一精神境界。……悲之至極，上無所蒂，下無所根，而唯有荒漠之感，再渾而化之於是寂天寞地之中……

水滸中人固然是驚天動地人，但這份驚天動地最後還是要回歸寂天寞地之中，所以水滸英雄也是寂天寞地的英雄，而這分寂天寞地的英雄悲歌是由水泊梁山的集體氛圍及命運所造成的。因此唐先生針對這兩種型態的悲劇，提出結論，說：

> ……西方之悲劇，皆直接關涉個體人物或人格之悲劇。中國之悲劇意識，乃「人間文化」之悲劇意識。[19]

也就是說，西方悲劇是「個性的悲劇」，中國悲劇是「群性的悲劇」；西方悲劇是「個體意志與集體命運衝突」

---

19 本段所用唐君毅先生的引文及意見見《中國文化之精神價值》之〈第十一章 中國文學精神〉之（八）（九）（十）節。（正中書局，民國68年9月二版。）

的結果，中國悲劇是「集體業力所造成的虛幻與無常」的命運；西方悲劇的性格是「強烈的、悲愴的」，中國悲劇的性格是「如夢的、悲涼的」；西方悲劇是「個體性格」的悲劇意識，中國悲劇是「人間文化」的悲劇意識。當然，不同的悲劇型態，與中、西文化不同的文化性格，必然有著緊密的關連。

這就是唐君毅先生對悲劇「型態」的洞察。如果把這份洞察放回金庸小說的分析上，是不是可以找到金庸小說是屬於哪一種「型態」的悲劇藝術呢？答案是明顯易見的。因為上文談到在九部悲劇型態結局的金庸小說中，由個人性格因素造成的悲劇或不圓滿結局、由環境命運因素造成的悲劇或不圓滿結局、以及由個人性格因素與環境命運因素共同造成的悲劇或不圓滿結局，剛好各有三部作品！這麼平均的表現，不正是說明了金庸小說是揉合了中、西方兩種截然相反的悲劇型態的集大成的藝術表現：金庸的作品不受限於中國傳統悲劇型態的限制，但同時保留了中國悲劇精神的餘緒；金庸的小說有受西方文學的影響，卻也不侷限在西方悲劇文學的主題；金庸的故事有談到「集體業力所造成的虛幻與無常」的寂寞感，但同時有處理「個體意志與集體命運衝突」的悲愴感。所以說金庸的武俠作品是一種由「個性的悲劇」與「群性的悲劇」交織而成的新興的悲劇藝術的型態及典範。

## （參）金庸小說悲劇性的藝術價值

前文談到西方式悲劇與中國式悲劇的比較，下文還會討論圓滿小說人物與不圓滿小說人物的差異；不管如

何，雖然本文論定金庸小說是悲劇文學，但並不因為不圓滿人物及故事而稍減其藝術的價值，相反的，金庸小說的悲劇性正好凸顯了人生裡無可迴避的、悲辛的、沉重的、艱難的、陰暗的一面：所謂世道艱難，眾生皆苦，佛家稱人生為「火宅」（著火的房子），儒家感到人間的任重道遠，凡此都說明了人生的沉重相或陰暗面，而通過文字藝術的閱讀去參與、投入這種痛苦智慧的考驗與洗禮，便正是悲劇文學最重要的功能。

唐君毅先生論及西方式「個性的悲劇」的價值，曾說：

> 悲劇之所以使人流淚而感樂者，亦即在悲劇之能一面使人生感解脫，一面使人生感淨化，而直接觀照精神世界之純價值或純善。[20]

哭而後笑，悲痛淨化了靈魂，淨化後的靈魂可以窺見更高的精神境界。另外，亦有論者以為「憐憫」及「同情」是悲劇文學激發閱讀者最有意義的情緒及價值。譬如，亞里士多德解釋「憐憫」說：「憐憫是由一個人遭受不應遭受的厄運而引起的」。而席勒則有談到「同情」是悲劇的主題：「如果說悲劇的目的是激起同情的激情，」那麼悲劇即是「最有利於激起同情的激情的形式。」[21]不管是「憐憫」或「同情」，還是由「憐憫」、「同情」而衍生的更高精神價值，接下來，我們嘗試用這樣的視

---

20 同註 19，頁 351。
21 亞里士多德及席勒的看法見劉小楓選編《德語詩學文選 上卷》頁 45 與 209。（華東師範大學出版社，2006 年 9 月初版。）

野去分析金庸小說。

在金庸小說的人物之中，像蕭峰的壯烈犧牲、胡斐及陳家洛的橫遭情變、乃至像楊過一生巨大、坎坷的悲劇命運，固然會引起讀者憐憫、同情的情緒；但金庸小說裡所處理的另外一些題材，卻很難用憐憫或同情的情緒去聯想，譬如郭靖黃蓉以及袁承志的遭逢世變、陳家洛及紅花會群雄無法扳倒羽毛豐盛的滿清朝廷、以及石破天最後的身世之謎等等，似乎都不能用憐憫或同情的字眼去形容，而毋寧更像是一份面對巨大集體命運的無可奈何！所以再一次印證金庸小說融合了西方悲劇與中國悲劇的型態，交織了「個性悲劇」與「群性悲劇」的命題，兼顧到「個體性格」與「人間文化」的悲劇意識；金庸小說等於複雜而寫實的提醒讀者：人生有些悲痛困苦確實是由自己的性格所造成的，但真的也有一些飛來橫禍是由命運之神所安排與佈局的啊！對前者，要懂得反省與調整；對後者，卻要學會更無為的去接受及放下。更全方位的面對人生真實的苦難與悲慟，這就是金庸小說的悲劇性的精神價值與意義罷。

在本節，一一談及金庸小說的悲劇性的四點理由及三點結論，讀者應該對金庸作品的悲劇藝術有了更深一層的認識；那麼，在下一節，順理成章的我們去觀看另一個對立面的「鏡像」：圓滿的小說原型及人物探討。

# 正論下：黃易小說中圓型人物的尋道故事及其深層意義

　　武俠小說的悲劇藝術可以洗滌人性、激發靈魂，但同類型的小說到了一個較溫和的時代，又會演變出怎樣的面貌與風采呢？

　　本文要討論的第二位武俠名家黃易，則相對的是生長在一個和平時代的小說家。黃易先生的個人資料流傳不廣，只能推測他大約是出生在上個世紀的五〇年代，成名作品陸續在九〇年代發表。黃易是香港中文大學藝術系畢業，在一九八九年離開代理藝術館長的高薪要職，然後隱居在香港離島專心創作。與金庸豐富的人生閱歷不同，黃易相對是一位專職的職業作家。黃易曾經發表過許多武俠與科幻的創作，但筆者個人認為黃易真正出色的作品還是在武俠小說上。黃易的第一部武俠作品應該是風格特異的《破碎虛空》，接著發表篇幅更長的後傳《翻雲覆雨》，但到了帶點科幻色彩的《尋秦記》問世，黃易才真正穩坐武俠名家的地位，《尋秦記》後，黃易筆鋒不輟，跟著發表他的長篇代表鉅著《大唐雙龍傳》，藝術成就又推至另一高峰……當然，與前輩金庸相比，黃易不論在名望、地位、或藝術成就上，還不能與金庸相提並論，而且筆者個人認為黃易作品的缺點確實要比金庸作品的多出許多（金庸小說的一大特點正是幾乎沒有「破綻」）；但不可否認的，黃易的小說確實

加進了一些新的創作元素，在某些層面，也確實達到了連金庸都沒有達到的文學高度。

　　譬如：金庸小說中對處理正邪對決（像《天龍八部》中的少室山之戰）及戰爭場面（像《射鵰英雄傳》中的郭靖西域遠征）已經處理得十分精采，但偏偏黃易別開蹊徑，把「水戰」寫得氣勢磅礴（像《大唐雙龍傳》裡的梁都水峽之戰），這是連金庸都沒有碰過的寫作題材。另外，黃易在他的作品裡加進了科幻的元素，《尋秦記》就是一個很成功的例子。當然，本文最關心的是黃易的小說有碰觸到像尋道、學道、靈性蛻變、肉身成道、精神力量、前世經驗、完美人格等等真理層面或玄學層面的問題，不管是武俠小說或非武俠小說，這些都是在文學作品裡極難處理的題材（武俠小說可能更難處理，因為一不小心即容易流於浮濫及荒唐），但黃易卻往往能夠寫得蕩氣迴腸而且別開生面，這些都是金庸小說裡所沒有的局面。

　　完美，或完美人格，是金庸小說所不碰的領域，那，黃易又怎樣去處理呢？

　　在分析黃易小說裡的圓型人格或完美人物之前，我們先行溫習一下前文對圓型人格或完美人物的定義：「一個完美人格或圓型人物必須同時是聖佛與王者，他必須同時擁有心性與功業上的高度成熟，他必須同時是天上與人間的典範，而且同時掌握神聖智慧與世俗智慧！」黃易作品裡的人物哪一個符合這樣的天人合德的生命境

界？而又讓讀者讀起來不感艱澀、不會覺得失去武俠小說應有的通俗性及可讀性？

　　在進行個別人物分析之前，我們參照上文的方法，利用六個內在人格原型去分類黃易四部主要作品中的人物。在分類的過程中，筆者發現：在「量」上，黃易作品的人物數不下於金庸；但在「質」上，小說中的次要人物則遠不如金庸處理得那麼生動傳神；話雖如此，在主要的正、反派角色的處理上，黃易先生仍然是寫得非常漂亮的。下頁一覽表所挑選的 48 位人物，是在這四部小說作品中的主要角色、著墨較多、在故事中較有表現、或形象較為突出的人物，作為討論範圍：

## 黃易小說人物內在人格原型一覽表

| | | 小說中的天真者 | 小說中的孤兒 | 小說中的鬥士 | 小說中的殉道者 | 小說中的流浪者 | 小說中的魔法師 |
|---|---|---|---|---|---|---|---|
| 傾向負面人生經驗的人物 | 破碎虛空 | | | 思漢飛 | 祁碧芍 | | 八師巴、蒙赤行、厲工 |
| | 翻雲覆雨 | | | | | | 龐斑、單玉如 |
| | 尋秦記 | | | 秦始皇、呂不韋、嫪毐、管中邪 | | | |
| | 大唐雙龍傳 | | | 楊虛彥、祝玉妍、婠婠 | | | 石之軒 |
| 傾向正面人生經驗的人物 | 破碎虛空 | | | | | 碧空晴 | 傳鷹 |
| | 翻雲覆雨 | | | 朱元璋、朱棣、戚長征 | | 風行烈、范良極 | 浪翻雲、言靜庵、靳冰雲、秦夢瑤、鷹緣、虛若無、韓 |

| | | | | | | 柏 |
|---|---|---|---|---|---|---|
| 尋秦記 | | | 曹秋道 | | | 項少龍、紀嫣然 |
| 大唐雙龍傳 | | | 畢玄、跋鋒寒、頡利、突利 | 寇仲、宋玉致、李世民 | 徐子陵、石青璇、侯希白、尚秀芳 | 梵清惠、師妃暄、寧道奇、宋缺、傅采林 |

　　如果將上文的「金庸小說人物內在人格原型一覽表」（下文簡稱「金表」）與「黃易小說人物內在人格原型一覽表」（下文簡稱「黃表」）做個比較，會發現許多有趣的差異，也更落實兩位小說家不同的藝術風格。

　　首先是「傾向負面人生經驗」與「傾向正面人生經驗」的人物數的比較。在「金表」的 72 位小說人物中，負、正面人物的比例是「55：17」，而在「黃表」的 48 位小說人物中，負、正面人物的比例則是「15：33」—— 可以清楚看到比起金庸作品，黃易小說有著較多傾向正面人生經驗的人物。這也可以說是支持黃易小說擁有更多歡樂氣氛、更遠離悲劇經驗、也更接近圓滿藝術典型的第一點理由。

　　跟著，讀者一定會發現在「黃表」的 48 位人物中，完全沒有「天真者」及「孤兒」的人格原型！而相對的在金庸小說中，這兩類人物卻為數不少！這是不是正好透露出兩位小說家不同的人生觀及藝術觀？尤其在完全欠缺「孤兒」原型的這一點上，即是說黃易小說沒有處理像「金蛇郎君、李莫愁、謝遜、林平之」這種充滿淒風苦雨、呼天搶地性格的人物典型（《大唐雙龍傳》裡

的邪王石之軒有點接近孤兒性格，但石之軒的手段靈活及後來的由魔入道則更像是一個黑魔法師的分類），這一點可以說是支持黃易小說擁有更多歡樂氣氛、更遠離悲劇經驗、也更接近圓滿藝術典型的第二點理由。

至於在「鬥士」的原型，「金表」與「黃表」的人物數一樣多，大概鬥爭型人物是武俠小說這一類類型小說所必需的創作元素罷。

那麼，「殉道者」呢？這是在「金表」中人數最多的一種人物類型，但在「黃表」裡卻人數寥落，除了《大唐雙龍傳》裡的主要人物寇仲及李世民外，黃易幾乎沒有花太多筆墨去寫那種急人於難而不惜犧牲自己的俠者形象。所以不同於金庸小說人物的救難者形象，「犧牲」、「捨己救人」、「悲壯角色」並不是黃易小說的重點，這一點可以說是支持黃易小說擁有更多歡樂氣氛、更遠離悲劇經驗、也更接近圓滿藝術典型的第三點理由罷。

「流浪者」則相反。在「金表」中著墨不多的流浪者，到了「黃表」則相對的是一個多數派。從「殉道者」與「流浪者」人數多寡的相反情況，可以看出兩位小說家不同的藝術方向。金庸小說重視救難、仗義、助人、承擔責任的「俠」，而黃易作品則偏愛散逸著過客、遊戲、自由、不承擔責任的逍遙氣質的「客」；金庸喜歡寫「助人者」、「殉道者」，黃易則偏好寫「自由者」、「流浪者」。當然，流浪者的生命主題是追尋真我、自由、真理、與內在靈性，而這正是金庸小說所不處理的

題材。相反的，在黃易的小說中，流浪者們追尋真我、自由、真理、與內在靈性的手段與途徑卻是非常多元而豐富的。譬如《大唐雙龍傳》中花了大量筆墨去描寫主角徐子陵一直追尋精神境界及心靈自由的成長歷程，另外，像石青璇與尚秀芳通過愛情與藝術去尋道，侯希白通過「美」去尋道，《破碎虛空》裡的雙絕枵碧空晴一邊遊俠天下、一邊尋道學道，乃至非流浪者原型的人物像浪翻雲、龐斑的由武入道，師妃暄、寧道奇的透過宗教法門尋道……等等，可見「尋道」真是黃易小說的一個重要題材。

最後，也是「金表」與「黃表」之間的一個最重要的差別，就是魔法師人物數的多寡。在「金表」的 72 位小說人物中只有 8 位魔法師，但在「黃表」的 48 位人物中，魔法師的人數卻多達 21 人，幾近是全表人數的一半！而且，即像前文說的，在六種內在人格原型之中，只有魔法師才算是真正的完美人格或圓型人物，所以從魔法師族群的人多勢眾，即可以看出這一點是支持黃易小說擁有更多歡樂氣氛、更遠離悲劇經驗、也更接近圓滿藝術典型的第四點理由。不只「量」的取勝，在「質」的表現上，黃易小說中的魔法師人物也是處理得血肉豐盈。黑魔法師族群像八師巴、蒙赤行、厲工、龐斑，其實都是由魔入道、由黑轉白的大師級人物，也有手段高強、不擇手段的大魔頭像天命教教主單玉如之流，至如《大唐雙龍傳》裡的邪王石之軒的故事則更是一個黑

白、正邪、愛恨、魔道相混的由鬥士蛻變到魔法師的成長歷程。至於白魔法師族群的豐富也是不遑多讓，俠客型的魔法師有傳鷹、浪翻雲，宗教型的魔法師有言靜庵、靳冰雲、秦夢瑤、梵清惠、師妃暄、寧道奇、鷹緣，謀略型的魔法師則有虛若無、宋缺，另外，還有科幻型魔法師的項少龍，藝術型魔法師的傳采林，女魔法師紀嫣然、花花公子魔法師韓柏等等。黃易小說真是一個充滿魔法師與圓型人物的武俠世界啊！好了，進一步，在下文我們嘗試集中火力去討論幾個在黃易小說裡有足夠代表性的魔法師故事，首先是《破碎虛空》裡的傳鷹。

## (一)傳鷹是一個在武俠小說這一種類型小說裡很少出現的人物形象，傳鷹的故事是一個在武俠小說中頗難處理的題材。

筆者認為《破碎虛空》的主角傳鷹的故事的主題是「超越感情」！小說的主角超越人間的感情，沒有凡人的七情六慾，這樣的小說那有賣點啊？何況還是通俗性頗強的武俠小說哩？同時《破碎虛空》正是一個「尋覓天道」的故事，這樣的題材或許適合放在宗教書籍或哲學論著之中，如果放在通俗小說裡，就當然是一個高難度的挑戰了。但《破碎虛空》雖然是黃易的第一部武俠作品，論文筆的流暢及內容的成熟，當然還不及後來的名著《尋秦記》及《大唐雙龍傳》；話雖如此，筆者認

為對傳鷹「尋道」故事的處理，《破碎虛空》仍然是處理得非常成功與動人的。故事的開始，介紹主角傳鷹的登場，文筆之間已經流露出不凡的氣勢：

> 韓公度正欲答話，碧空晴一聲斷喝，雙拐在手，一股凜冽之極的殺氣，向廟門狂衝過去。眾人回頭一看，俱大驚失色，只見一個年約三十出頭、身材修長的男子，一對眼睛精芒隱現，當門卓立，衣衫被碧空晴的勁力刮得獵獵作響。
>
> 他們這等高手，累年苦修，已擁有近乎第六感的觸覺，若有人接近，必然早生警覺。他們在江湖裡打滾，屢次死裡逃生，皆倚仗這種超乎平常感官的觸覺。可是這年輕男子進入廟門後，他們才有感應，因此碧空晴大駭之下，才會揮動到他已多年不用的雙拐……
>
> …………
>
> 年輕人微一皺眉，碧空晴突然強烈地感覺到他要說話，連忙放緩了對他的壓力。事後也覺得奇怪，似乎年輕人透過他的心靈來通知他一樣。
>
> 年輕人壓力一輕，道：「小子傳鷹，家舅抗天手屬靈。」說罷閉口，惜字如金。
>
> 韓公度細心打量，這自稱為屬靈甥兒的傳鷹，天庭廣闊，雙目炯炯有神，精靈深邃，使人難以測度，相貌特出，是那種敢作敢為、膽大包天的人。韓公度閱人千萬，經驗告訴他這類是天生正道又

是靈活多變的才智之士。唯一不解的似乎是他有種非常獨特的氣質，即以韓公度這老到不能再老的江湖道，也感到難以將他分類。

…………

傳鷹一出場，作者已經開始營造他那種出世英雄的獨特氣質，故事接著一一發展出傳鷹勇闖驚雁宮、參修戰神圖錄、會見蒙古國師八師巴、長街決戰魔宗蒙赤行、在黃沙大漠勘透前世輪迴的生死奧祕、與血手厲工同訪無上宗師令東來於十絕關、訣別祁碧芍、擊殺思漢飛於萬軍之中、到最後躍馬仙去於破碎虛空之中等等情節，高潮迭宕，精采紛呈。其中遇戰蒙古國師八師巴一段，竟然能將「前世經驗」寫成高手決戰的武器，將「輪迴」與「心靈力量」寫成武林人物「決鬥」的形式，偏偏又寫得處處充滿驚奇與感動，最後八師巴與傳鷹化敵為友，二人達到更高一層的精神聯繫，最令筆者嘆為觀止。把心靈武器寫進武俠小說之中，這是連金庸小說都沒有碰過的創作領域。另外，在故事接近尾聲，寫到抗元義軍女領袖祁碧芍死在傳鷹懷抱的一段文字，也讓筆者印象深刻：

> 祁碧芍在傳鷹懷中看往星空，喃喃道：「傳郎，我時時在想，我的故鄉，應該是在那一粒星的旁邊。」傳鷹擡頭一看，天上無數星點，也不知那一顆才是祁碧芍的故鄉，低下頭剛想再問，祁碧芍早已氣絕。傳鷹一聲悲嘯，全身不斷抖動。

　　這是他最後一次感受到「人」的「悲痛」。

　　祁碧芍便像路上揚起的塵埃，隨風而動，不由自主。

　　人生無根蒂，飄如陌上塵。

　祁碧芍死後的傳鷹便蛻變成一個不再是「人」的生命層次與形式，把故事的主角寫成「非人」？武俠小說寫到這裡也真是寫絕了！《破碎虛空》是黃易先生劍試新鋒之作，一出手便見不凡，把一個太上忘情的「尋道」故事寫得如此蕩氣迴腸，走進了金庸小說也沒進入的創作領域。如果說金庸小說是「人間」的故事，黃易小說便是「天上」的傳奇。

**(二)接著要分析的人物是《翻雲覆雨》裡的龐斑、　　　浪翻雲與秦夢瑤。　　　龐斑、浪翻雲與秦夢瑤同樣都是追尋天道的魔　　　法師型人物。**

　　龐、浪這兩位魔法師剛好一黑一白、一正一邪，但同樣都是不拘成法、智深如海、自在豁達的大宗師。但兩人「尋道」的手段及法門不同，浪翻雲是由情入劍、由劍入道，「唯能極於情，故能極於劍。」正是浪翻雲參修劍道的宗旨；至於龐斑則是由魔入道，通過「道心種魔」大法的修練，盡脫邪魔外道之氣。筆者個人閱讀的感覺，彷彿龐斑深不可測的大宗師氣象還要比浪翻雲更勝上半籌。龐、浪二人的「尋道」故事的最高潮是在

小說最後的決戰攔江島，在下文再詳細討論。《翻雲覆雨》裡還有另一個介於天真者與魔法師之間的人物鷹緣活佛 —— 大俠傳鷹之子，在小說裡，這位鷹緣活佛雖然寫得活龍活現，但可惜著墨不多。另一位女魔法師秦夢瑤則寫得形象完整、鮮明深邃。秦夢瑤是出身武林聖地慈航靜齋的女劍客，本身已經修成《慈航劍典》裡的最高成就「劍心通明」，但仍然要到人間世做最後的歷練。於是這位美女劍客到塵世經歷種種考驗：迭遭強敵、心脈將斷、武功全失、童貞失守、神功復原，到最後返回靜齋參修死關，準備冒生命之險進軍天道。但筆者更注意到的不是秦夢瑤的「出世」，而是她神功復原後的「入世」功業。秦夢瑤突破人間的種種考驗之後再入江湖，闖下一連串的事功 —— 逼退東瀛首席刀客水月大宗、劍傷密謀造反的藍玉以瓦解為禍天下的勢力、解散八派聯盟好讓武林實力脫離朱元璋的控制、勸退龐斑之徒方夜羽藉以弭平西域與中原武林的干戈、決戰紅日法王以化解中土與西藏的教派之爭、智取天命教教主單玉如而由此種下敵人陣營內部矛盾的種子……比起龐斑與浪翻雲彷如兩顆武林夜空中的明星，秦夢瑤也許更低調，但每一個作為其實都是深謀遠慮而且攸關天下氣運的消長，隱合輕描淡寫卻著著暗含深意的劍道要旨，正是「劍心通明」的無跡勝有跡的出世劍法。秦夢瑤完成一連串「行動」之後，便飄然引退，重返靜齋參修死關。可見在黃易小說的人物中像龐斑、浪翻雲、秦夢瑤、及傳鷹等，

都能夠同時擁有「出世經驗」及「入世事功」，正符合前文所說完美人格的標準：「他必須同時擁有心性與功業上的高度成熟，他必須同時是天上與人間的典範，而且同時掌握神聖智慧與世俗智慧！」

### (三)第三組要談的人物是《大唐雙龍傳》裡的雙主角寇仲與徐子陵 —— 一個入世與出世的完美人格的組合。

這一組的魔法師人格比較特別，寇、徐二人分開來，都不是魔法師原型的人物，但兩人的生命方向合起來則剛好是一個完整的魔法師形象。寇仲的人格與武功都是典型的「殉道者」 —— 一個積極、熱情的入世型人物；徐子陵雖然也具有一副悲天憫人的俠義心腸，但性格與武功都更接近「流浪者」 —— 一個消極、內斂的出世型人物。於是出世入世、合則雙美，整合出一個完美的魔法師原型。《大唐雙龍傳》是黃易的代表作，也是一部寫雙主角寫得很成功的長篇鉅著，整部《大唐雙龍傳》可以視為是一個殉道者與流浪者攜手合作、神通廣大、縱橫海內的魔法師的成長故事。

看完上文對幾個魔法師人物的分析，讀者應該對黃易小說的「完美藝術」的創作風格有了更進一步的認識；在本節的最後，筆者要更深層的介紹《翻雲覆雨》的結局 —— 龐斑與浪翻雲的決戰攔江島，這一段文字的閱讀

對筆者而言是很特殊的經驗。

## (四) 龐斑與浪翻雲決戰攔江島的故事其實就是一個 「尋道」的故事。

　　筆者在閱讀這一段文字時，頗感覺到字裡行間隱隱透露出一股「仙氣」——一種追尋、修學終極真理的純淨氣氛，在文字藝術力量的感染下，確實會激起加強修行工作、禪坐的動力，或生起對出離心的嚮往。對筆者來說，這是一次難忘的閱讀經驗，真實感受到「仙道」小說（完美傾向的藝術風格）會喚醒「道心」（內在靈性）的效果。（誰說武俠小說只有娛樂效果而沒有深刻意義？）龐、浪決戰的故事，幾乎是筆者看過「決戰」的故事裡寫得最好、最精采的一個——有伏筆、有醞釀、有意境深遠的玄理、有引人入勝的決鬥、有決鬥者迷人瀟灑的丰采、有大宗師不可一世的氣象、有跌宕變化的過程、也有出人意外的結局。（《破碎虛空》中的傳鷹與蒙赤行的決戰長街，也寫得很好，但比起《翻雲覆雨》裡的龐、浪決戰，彷彿是一個試寫與縮小的版本。）龐、浪決戰的故事在黃易的舊版裡是寫在最後一集〈天地無極〉中，但到了修訂版裡[22]，則主要放在《翻雲覆雨》卷十二的〈第八章　天人之道〉及〈第九章　月滿攔江〉

---

22 黃易先生的修訂版見「黃易作品集」之《翻雲覆雨》系列。（時報文化，2004 年 12 月初版。）

之中。在下文，我們將這段故事的精髓加以剪裁與整理，好讓讀者感受黃易所描寫的「求道、尋道」故事的藝術氣氛：故事從韓柏（小說中一個浪子型的魔法師）探訪慈航靜齋展開序幕，韓柏遇見靜齋齋主靳冰雲，卻驚訝的發現這位美女齋主竟然把人世間往昔的一切悲痛屈辱忘得一乾二淨！也把從前的丈夫與韓柏自己都忘了！同時韓柏滿腹狐疑的發現靳冰雲沒穿鞋子：

> 韓柏手足冰冷，低頭看著她的赤足，心中一動問道：「妳那對繡蝶鞋子呢？」
>
> 靳冰雲隨著他的視線也瞧著自己白玉無瑕的雙足，嘴角溢出一絲笑意，淡淡道：「送給了清泉啦！由那天開始，我再沒有鞋子。」[23]

沒穿鞋子！不再涉足人間的江湖？這是一個充滿象徵的文字密碼。跟著韓柏往見坐枯禪、修死關的愛妻秦夢瑤，秦夢瑤故意在韓柏面前示現由生轉死的「入滅」相，目的是要在韓柏震驚、開放的心靈裡撒下一顆參修天道的種子。失魂落魄的韓柏離開靜齋，返見決戰前的浪翻雲。於是筆鋒一轉，故事進入決戰前夕的龐斑與浪翻雲幾乎同時回想起與慈航靜齋故齋主言靜庵（靳冰雲與秦夢瑤之師）之間的一段三角愛戀。言靜庵周旋在龐、浪二人之間，旨在激起二人參修天道的決心與意志，卻失控的激盪起三人之間的愛情火花，在人間情愛與參修天道的

---

23 同註22之卷十二，頁215。

徬徨及掙扎下，最後還是選擇了追尋終極真理的道路：

> 言靜庵臉龐回復了冰雪般的瑩潔無瑕，靜如止水
> 般淡淡道：「修道的路是最孤寂的，終有一天，
> 浪兄也會變得像我一般孤寂，這是必須付出的代
> 價。」
>
> 夜風吹來，帶來湖水熟悉的氣味。浪翻雲從令人
> 心碎的回憶中醒覺過來，像剛被利刃在心裡剜了
> 深深的一刀。[24]

這一段文字寫得蕩氣迴腸，充滿緬懷過去的感傷情緒與
追尋天道的神秘氣氛。最後，故事終於到了兩位大魔法
師的生死決戰。兩位大宗師甫一見面，小說即營造出磅
礴的氣勢：

> ……他一直在期待著這一天的來臨，早在龐斑向
> 他送出戰書前，他已決定了要對這雄踞天下第一
> 高手寶座達六十年的超卓人物挑戰。只有在生死
> 決戰的時刻，面對生死，他才可體悟出生命的真
> 義……
>
> 浪翻雲心神卻是前所未有的寧和平靜，眼前驚心
> 動魄的駭人情況，只像魔鏡幻象般沒有使他絲毫
> 分神……
>
> 龐斑雄偉如山的軀體現身在峰頂邊緣處，欣然
> 道：「美景當前，月滿攔江，浪兄請移大駕，到

---

24 同註 22 之卷十二，頁 245。

此一聚如何？」

浪翻雲仰天長嘯道：「如此月照當頭的時刻，能與魔師一決雌雄，足慰平生，龐兄請稍待片刻。」

……兩人眼神交接，天地立生變化。

……浪翻雲仍是意態優閒地卓立老樹之巔，覆雨劍早回鞘內，像是從來沒有出過手。

龐斑搖頭嘆道：「不愧是浪翻雲，不受心魔所惑，否則龐某在氣機牽引下，全力出手，這場仗再不用打了。」

浪翻雲望著天際，眼神若能透出雲霧，對外界洞悉無遺，平靜地道：「人法地，地法天，天法道，道法自然。天地交感，四時變化，人心幻滅，這片雷雨來得正合其時。」

龐斑點頭道：「當年蒙師與傳鷹決戰長街，亦是雷雨交加，天人相應，這片烏雲來得絕非偶然。」

兩人均神舒意閒，不但有若從未曾出手試探虛實，更像至交好友，到此聚首談心，不帶絲毫敵意。……[25]

跟著兩位絕頂高手交戰的風采氣度、神妙招式、心理戰術、玄奧境界、奇幻變化、迴異風格……本文就不詳細敘述了。但到了決戰的尾聲，二人在生死決戰中悟道的一段文字，卻寫得異常深邃、動人、鮮活、含蓄而充滿

---

25 同註22之卷十二，頁239至251。

寓意：

> ……兩大高手目光緊鎖不放，接著同時相視大
> 笑，歡欣若狂，就像兩個得到了畢生渴望著罕貴
> 玩物的小孩童。
>
> 龐斑笑得跪了下來，指著浪翻雲道：「你明白了
> 嗎？」
>
> 浪翻雲也笑得前仰後合，須得以劍支地，才沒跌
> 倒地上，狂點著頭笑道：「就是這樣子。」
>
> …………
>
> 龐斑辛苦地收止了笑聲，搖頭嘆道：「龐某人迫
> 不及待了。」……
>
> 兩人虎躍龍遊，乍合倏分，拳劍在空中剎那間交
> 換了百多擊，卻沒有人下墜半分……[26]

這兩位大宗師「明白」了什麼？龐斑迫不及待的又是什
麼？小說中沒有明寫，卻使用了充滿隱喻的「留白」，
正所謂「道可道非常道」——真理是怎麼樣都說不明白
的，這是真理的不可說明性，道，可以了悟於心，卻無
法通過語言說得清楚。接著在一個驚天泣地的「終戰」
與「照面」中，一股強烈到遠近可見而且使人睜不開眼
的電光火團從龐、浪二人相觸的手掌處爆開來……同樣
的，小說沒有明寫兩位大魔法師決戰的輸贏勝敗。場景
一轉，期待浪翻雲取勝的群俠在遠方觀戰，看到這一團

---

26 同註 22 之卷十二，頁 254 至 255。

不可思議的電光，心中忐忑不安，暗中思量：難道勝負已分？突然看到一葉扁舟從漫天雷雨中緩緩漂出，舟上隱約可見龐斑雄偉的身形，群俠手足冰冷，一顆心直往下沉，心中叫苦：難道連浪翻雲都輸給龐斑？同時龐斑的小舟逐漸靠近在海上乘舟觀戰的慈航靜齋齋主靳冰雲，卻驚見這威震天下六十年的魔師謙虛誠摯的在靳冰雲身旁單膝跪下，與靳冰雲深情無限的對視良久，跟著為靳冰雲穿上一雙繡蝶鞋子！（又是一個充滿含義的文字符號？）兩人始終沒有交談過一句話，兩艘小舟又慢慢的各自漂開，但在這時突然看到一團電芒從龐斑身中爆射開來，發出刺眼強光，群俠一時睜目如盲，等到視力恢復，龐斑已經消失得無形無蹤，空餘一葉孤舟在海上漂浮，而且小舟上完全沒有一點電打雷劈的焦灼痕跡，群俠心中都升起怪異無倫的感覺。龐斑到哪裡去呢？內氣失控、氣爆身亡？蛻變成虹光一般的能量形式生命？恐怕這又是一個無法說得清楚的生命謎題。小說的最後，風靜雨止，明月當頭，群俠看到浪翻雲背負著名震天下的覆雨劍傲立在峰頂一塊虛懸而出的巨岩盡處，閒逸的仰視天上的明月，這是他們最後一眼看到浪翻雲。

好一場精采絕倫的決戰！既有武俠小說的通俗性與娛樂性，也蘊含了求道故事的深刻性與神祕性，而進一步兩者交織出一幕激動人心的異俠傳奇！

介紹過黃易小說裡幾組魔法師原型的完美人格，也討論、分析過《翻雲覆雨》最後決戰的故事含義，讀者

有否被黃易小說裡的圓型人物及求道故事所感動呢？筆者個人的觀感，論小說作品整體的成熟度黃易還比不上金庸，成名成功作品的數量也沒有金庸的多，而且黃易先生也免不了職業作家「拖戲」的毛病（金庸小說之所以成功的理由之一，就是絕不「拖戲」，但這也是因為金庸是成功的報老闆，寫小說不是他唯一的生計），還有一點不好的是黃易前期的作品裡也難免因為「銷售」考量而加進了一些情色（甚至是色情）的描寫；但瑕不掩瑜，筆者還是認為黃易小說是非常優秀的藝術作品，個人的看法甚至覺得「完美故事」要比「悲劇文學」更難處理得出色，黃易在小說裡加進了連金庸都沒有碰觸的題材及元素：「完美人格」、「尋道」、「靈性蛻變」、「心靈境界」，而且寫得深刻感人、易讀雋永，別開生面的為武俠小說打開了動人的新頁。

## 餘話：最後的想法

先後審視、討論、分析、比較過金庸小說的「悲劇藝術」及黃易小說的「完美風格」，在文章的最後，筆者想提出一些補充的看法，作為文章的尾聲。

首先，到底是不是金庸與黃易兩位先生的性格因素有影響到他們的作品風格與氣氛？這是筆者內心一直的存疑。但本文找不到相關的資料以資佐證。而且前文也提到，從金庸的生平事蹟來看，金庸似乎不像是一位悲觀主義者（從喜歡歷史這一點興趣來分析，金庸毋寧更

接近一位現實主義者，因為現實的歷史往往充滿著許多的無奈及悲情），所以「作者性格決定作品風格」這一點想法落在本文的內容上，只能是一個猜測與懷疑。

至於另一點的論述倒是比較能夠確定的。金庸所處的時代背景相對比較動盪，黃易的時代則比較承平；金庸的一生奔波起伏，黃易的生平則相對是一位簡單專注的職業作家。所以影響到金庸小說充滿「現實性」，黃易作品凸顯「理想性」；金庸小說著重寫「現實的無奈」，黃易作品喜歡談「理想的追尋」；金庸小說是「人間的故事」，黃易作品是「天上的傳奇」；金庸小說的重點是入世的「悲」，黃易作品的主題是出世的「道」；金庸小說裡的人物多的是「悲劇英雄」，黃易作品中的腳色往往是「圓型人物」。「時代背景決定作品風格」，這一點在本文的內容卻有著頗強的論證。

當然，本文主要討論了金庸與黃易小說兩種不同的藝術風格，這是最有意義的地方 —— 印證了武俠小說這一類強調通俗、娛樂效果的類型小說，一樣可以有著深邃的人文內涵及生命哲思。取其大者而論，譬如金庸小說揉合了中國與西方、「群性悲劇」與「個性悲劇」的藝術形態，等於全方位的告訴讀者人生悲劇的兩個成因：一、性格因素（性格決定命運）及二、集體業力（共業決定別業）。前者的悲愴是巨大的，後者的悲愴是無奈的，金庸真是深懂現實人生悲劇的全相啊！又如黃易小說展現了完美人格同時擁有「道行」與「世業」的雙

向生命，另外，黃易的「尋道」故事也強烈的感染到讀者對終極真理的憧憬與嚮往。凡此種種，都非常清晰的提醒讀者：不要把閱讀武俠小說只當作是娛樂行為，不要忽略了武俠小說在深層世界上一直發出強烈、深刻、動人的生命訊號。

（本文原發表於《萬竅 —— 中華通識學刊》第十期，中華大學通識教育中心，民國 98 年 11 月出版。）

# 論析科幻小說《異鄉異客》的遊戲筆墨、深層結構及價值爭議

## 摘　要

羅伯特・海因萊因是西方英語寫作界三大科幻小說大師之一，而《異鄉異客》則是海因萊因傑出的代表作。

海因萊因的小說一向以娛樂性、通俗性見稱，但《異鄉異客》卻擺脫了海因萊因一貫的寫作慣性，而提出了相當深刻的思想及哲理。《異鄉異客》的故事內容談到了宗教、生命學習、性解放、群婚、吃人習俗、真假道德、死後靈魂、及人性黑暗面等等充滿爭議性的問題，在科幻故事裡敢於涉及如此難以處理的素材，確實需要有過人的創作勇氣。

《異鄉異客》不但是海因萊因作品中的異數，而且印證了科幻小說一樣可以達到如此精采的藝術高度及思想深度，而本文的主題即在分析《異鄉異客》的深層結構及寫作技法。

**關鍵詞**：1.科幻小說　2.海因萊因　3.《異鄉異客》

　　　　　4.宗教　　　5.性解放　　6.群婚

　　　　　7.道德　　　8.靈魂　　　9.修行

# 前言：海因萊因作品中的異數

　　當代英語界三大科幻小說大師艾西莫夫、克拉克、及海因萊因[1]，各自擁有不同的藝術風格 —— 艾西莫夫小說裡的情節安排及人物描寫充滿機鋒睿智的筆觸、克拉克的作品洋溢著史詩風格、以及海因萊因故事的妙趣橫生與文筆的活潑俏皮 —— 一直以來都穩佔著科幻小說王國中鼎足而三的強勢。對筆者來說，一直覺得三位大師中年齡最大的海因萊因是科幻小說界的「瓊瑤」 —— 作品風格以通俗、流暢、可讀性高、娛樂性高、文筆活潑生動、故事引人入勝見稱；也就是說，筆者主觀感到「市場考量」是這位科幻大師作品裡的第一順位。直到筆者見識了他的傑作《異鄉異客》（Stranger in a Strange Land），才改變這一刻板印象。記得，剛讀完《異鄉異客》的時候，不禁掩卷驚嘆：「哇！有人這麼會寫小說的！」這部小說堪稱海因萊因作品中的異數，在他擅長的遊戲筆墨之餘，同時營造出一個異常動人不凡的深層

---

1 以撒・艾西莫夫（Isaac Asimov 1920-1992）、克拉克（Arthur C. Clarke 1917- ）、與羅伯特・海因萊因（Robert A. Heinlein 1907-1988）是當代英文寫作界三大科幻小說大師，其作品至今仍具有不可動搖的地位。

結構，這部作品同時兼顧了小說的遊戲性與深刻性、娛樂性與藝術性，真可謂同時做到了「深入淺出」及「收放自如」的極高藝術成就及寫作功力。科幻小說寫到了這種地步，真可謂至矣！盡矣！於是忍不住要整理出一篇文章去介紹及討論這部傑作的故事情節及深刻內涵。

## 《異鄉異客》的故事大綱

　　《異鄉異客》是筆者心中認為是海因萊因小說裡排名第一的作品[2]，它主要的故事大綱是講首度登陸火星的地球探險家全部遇難，只在火星上留下了一個孤兒，二十五年後，第二支火星探險隊將這個被火星人撫養長大的孩子帶回了地球。

　　這位「異鄉異客」瓦倫丁·邁克爾·史密斯（小說中簡稱邁克）回到地球後，繼承了不可思議的龐大遺產，而且按照地球法律，他更成了法理上的火星擁有者；所以從邁克回到地球的一刻，他立即成了各方勢力爭取的對象。但不為整個地球人類所知的是：邁克不但富可敵國，而且擁有學自火星文明神祕、強大的心靈力量，甚至還身負火星「靈老」們所交托的使命（雖然邁克本人並不知情）—— 邁克原來是火星靈老用來刺探地球文明

---

2 羅伯特·海因萊因的代表作品有《異鄉異客》、《星船傘兵》、《銀河系公民》、《夏之門》、《雙星》、《嚴厲的月亮》、《傀儡主人》及《4＝71》等等。本文所選用的《異鄉異客》（Stranger in a Strange Land）的譯本，是中國大陸四川科學技術出版社，2006 年 12 月初版的本子。

的「間諜」。

　　但剛到地球的邁克簡直天真、虛弱得像一個嬰兒，從對地球及人類的一無所知，到慢慢學會用火星人的角度去審視這個對他來說全新的文明：他覺得這個世界簡直不可理喻，同胞之間充滿顛倒、荒謬、及爾虞我詐，這裡沒有愛，只有彼此的傷害。可是隨著時間的逐漸過去，邁克終於看到這個與火星價值觀全不相同的故鄉，仍然存在著一些神祕的美好事物。同時，邁克發現他學不會像人類般的「大笑」，他直覺知道這裡隱藏著人性中荒謬及悲劇的祕密。

　　所幸邁克在危機四伏中遇到護士吉爾母性般的保護，及作家朱巴爾‧哈肖的教導。朱巴爾是一位出色的作家、律師、及導師，擁有著洞悉人性及世情的智慧，他像父親一樣引導著邁克，為他指出這個世界的矛盾，並幫助他戰勝蜂擁而來的禿鷹。

　　在朱巴爾為邁克解決了種種危機之後，邁克四處遊歷，他迅速成長起來，擁有了強大無匹的力量、經驗、品格、及智慧，他創建了一個新宗教，為他的朋友帶來了人類從來不曾享用過的身、心、及性愛的健康。但慢慢的，邁克的新宗教成了眾矢之的，受到傳統宗教及保守勢力的瘋狂反撲及攻擊，其實，對這一切，朱巴爾早已憂心忡忡的預見災難將至。最後，在邁克與朱巴爾深談之後，邁克終於知道如何擺平身兼火星間諜與地球之子的矛盾，也懂得怎樣延續新宗教的命脈及面對舊勢力

的攻擊等等難題。他明白了他的使命：召喚這個星球，並毅然走上歷史上無數先知者的最後宿命。

# 《異鄉異客》的創作元素與深層結構

《異鄉異客》是一部思想大膽前衛、文筆辛辣諷刺的鉅著。它的故事內涵談到了宗教、性愛、道德、修行、迫害、群婚、虛偽、與真實等等的禁忌話題；當然，這都是不容易分析及理清的素材。所以，在下文，筆者嘗試從四個角度去分層剖析小說內在的創作元素及深層意義。

## （一）對宗教問題的深層討論

首先，宗教的問題是《異鄉異客》的重要議題之一。

小說中描繪了一真一假的兩個宗教，前者是弗斯特教，後者是邁克所創立的新宗教。但假的宗教「假中有真」，真的宗教卻「真中有假」；在這裡，小說家海因萊因要藉此凸顯出宗教的複雜、模糊、與充滿爭議。

所謂「假中有真」，是指小說中所描繪的弗斯特教其實就是一個不折不扣的披著宗教外衣的斂財組織，它有著偽宗教的許多缺點（其實其中的一些缺點許多正派的宗教也有）：商業化、排他性、虛偽、媚俗、充滿推銷員式的甜言蜜語；總之，就是利用種種有形、無形的宗教商品去獲取金錢；而這種偽宗教的行為有一個專用名詞 —— 斂財。可是，問題有更複雜的一面：偽宗教的最終目的儘管是非宗教的（甚至是不宗教的），但它所

使用的傳教手法與教義卻往往是真實的（當然真實的傳教方法及教義反而會增加偽宗教的不真實性及危險性）。譬如弗斯特教訓練教徒們釋放生命力，以及強調生命的歡樂本質等等，其實都是屬於宗教甚至生命的真實律則，而且與後來邁克創立的宗教也有很多吻合的地方。這就是小說裡要表達的「假中有真」的複雜的宗教現象。

　　至於「真中有假」，在小說中是指邁克的宗教。在《異鄉異客》中，對主角邁克所創立的宗教的描寫幾乎是整部小說中最正面的，而對其他的團體及組織則不免都有若干程度的諷刺及批判，譬如對人類的政府及宗教、甚至對火星文明與天使組織的描寫，都免不了辛辣筆鋒的嘲弄。在小說中，邁克的宗教擁有精深的教義、嚴密的結構、無私的關愛、與有效的修行技術。問題是，邁克只是把他的宗教當成一個，幌子！是的！宗教對火星來客邁克來說，只是一個手段與工具，只是一個打開酒瓶的開瓶器，用完即不用理會了。對邁克來說，教名是可以隨時更換的，教堂被燒毀是沒有關係的，宗教不是主題，生命本身的蛻變才是真相；對一個渴望真理的飲者來說，最想做的是品嘗真理的旨酒，開瓶器固然必須準備，但當然不是整個事情的核心及最重要的部分。這就是「真中有假」的宗教實相，也是海因萊因最想要表達的一個觀念：人類往往把宗教問題看得太嚴重了，宗教只是一個被「假借」的工具，宗教其實並不是什麼

神聖不可侵犯的東西，過度膨脹宗教的本位主義，這正
是人類愚昧及悲劇的根源所在。

　　這讓筆者想起印度修行大師奧修對宗教的看法，他
說：

> 「religion」這個詞彙是很漂亮的，它來自
> 「religere」這個字根，意思是再連結、再合一。
> 跟誰？跟你自己 —— 跟你自己存在的源頭。
>
> …………
>
> 這就是「宗教」的意思：再合一，再一次記起。
> 「remember」這個詞彙也很美，它意謂再一次變
> 成一份子，「re」（再）——「member」（一份
> 子）—— 又一次成為源頭的一份子，去到源頭，
> 再次成為源頭的一份子。
>
> …………
>
> 「宗教」不掛慮別人，只關注你自己，絕對只關
> 注自己。「宗教」是個別的，它不是一種社交的
> 現象。「宗教」是 —— 當你單獨一人，沒有其他
> 人要去會見。在那樣全然、處女一般的單獨裡，
> 至高無上的狂喜於焉產生。[3]

是的！真正的宗教是非常內在性、個人化的事情，宗教
其實是一種生存方式，一種內在性、個人化、與生命源
頭連接、合一的生存方式。所以一百個人就應該有一百

---

3　見奧修著《奧修開悟 ABC —— 新時代入門辭典》頁 193 至 195。（方
　　智，2004 年 10 月初版。）

種宗教，一千個人就應該有一千種宗教，因為每一個人的內在生命經驗都是獨一無二的。宗教不應該是什麼組織、傳統、教會、正義、道德、儀式、戒律、利益、勢力等等的事情，唉！人類的頑固與執著把宗教變成一個一個不能被討論及碰觸的神主牌。在這一點認識上，修行師傅奧修與小說家海因萊因的看法是相當接近的。

## （二）前衛大膽的價值標準及議題

　　除了宗教的問題，海因萊因在《異鄉異客》中同時提出了其他頗為大膽、前衛的價值標準及觀念。這樣的價值觀總共有兩套：一套是火星人的，一套是屬於邁克的宗教的。當然，這兩套價值標準是一脈相傳的（因為邁克是火星人養大的），我們分別討論如下。

　　首先看看屬於火星人的價值標準：

### 1.同類相食的傳統

　　在小說中，「同類相食」是火星文明的一種文化甚至宗教的傳統，當然也是由於火星上的食物匱乏而演變而來的一種習俗。對火星人來說，死後被當成同胞的「食物」是一種榮耀；但對地球人的價值標準來說，吞食自己同類的屍體是一種讓人嫌惡、噁心、甚至是不道德的行為。其實，小說家在這裡要為讀者指出：許許多多的道德標準其實都不是發自本性的，而只是由後天狹隘的教育而導致的一種結果；道德，往往不見得很道德。在小說中，海因萊因借朱巴爾之口首先指出在「**歷史上，**

同類相食在人類的每一個分支裡都是流傳最廣的習俗。」
[4]跟著朱巴爾評論火星人與地球完全不同的道德觀：

> 邁克是個完完全全的文明人，火星風格。杜克，
> 我跟邁克談了很多，聽得出火星不是個狗咬狗的
> 地方……或者說火星人咬火星人。同類死了，他
> 們不埋、不燒，也不把屍體留給禿鷲，而是吃掉。
> 但這是個正式的習俗，具有很深的宗教內涵。火
> 星人絕不會違背對方的意願宰掉別人。事實上，
> 火星人似乎沒有謀殺這個概念。……沒有暴力，
> 沒有疾病，連過量的安眠藥都不需要。……他的
> 朋友們就吃掉那些對他自己已經毫無用處的東
> 西，按照邁克的說法，『靈悟他』，並在抹芥末
> 的同時讚美他的品德。這位鬼魂也來參加宴會，
> 相當於成人禮或者堅信禮之類的。這之後，鬼魂
> 就取得了『靈老』的地位 ── 據我理解，也就是
> 變成個元老級政治家。[5]

道德是後設的，是因地而異的，它不是一個不能被討論
的絕對標準。同樣的，奧修所談的「道德」的內涵，與
《異鄉異客》的觀念也是非常一致：

> 道德只不過意味著別人強加在你身上的某件
> 事……那是掌控的一種方式，奴役的一種方
> 法……而且在某個社會這件事是道德的，但在另

---

4 同註 2，頁 167。
5 同註 2，頁 168。

> 一個社會卻是不道德的。
>
> 只要以稍廣一點的視野看一下這個地球，你就會
> 驚訝不已 —— 因為有太多道德了。……那只不過
> 顯示所有這些道德都是發明，它們被發明用來統
> 治這些組成社會的個體；把個體囚禁在道德裡是
> 一個謀略。[6]

同樣的，在小說中，海因萊因透過朱巴爾進一步指出道
德的後設性與個人性，也就是說，道德不應該是一成不
變的東西，每個人必須尋找出一套屬於自己的道德。他
說：「所謂的『道德』是一套荒謬、邪惡、完全無法實
施的準則，我們每個人都必須暗中摸索，找出一個自己
能接受的方案……」[7]

## 2.靈魂統治論

　　《異鄉異客》所建構的火星文明是一個純粹的「精
神文明」，或者說是一個「靈魂決定」的社會型態。在
這個社會裡，是由那一群稱為「靈老」的精神大師充當
決策階級，主角邁克曾說：「『鬼魂』是火星人中最有
力量、數量也最多的一群。還活著沒解體的那些都是伐
木的、打水的，是靈老的僕人。」[8]當然，這是一個「寓
言」、一種「假托」的寫法、或者說是一個「文學符號」；
在這裡，海因萊因要表達的是：靈魂的、心靈的、或精

---

6 同註3，頁161。
7 同註2，頁483。
8 同註2，頁552。

神的力量才是一個社會結構中最核心、關鍵的力量，精神元素一直是文明發展的主軸。

## 3.生死平衡論

如果將「生」與「死」看作天秤的兩端，那對還在生的我們來說，自然會毫無疑問的喜歡、重視「生」的這一邊 —— 喜生惡死；但海因萊因卻在《異鄉異客》提出了不同的看法。對火星人來說，不但會物盡其用的吃掉同類的屍體（見前文的討論），自己也能夠絲毫沒有遲疑的在最適當的時機「解體」（因為死亡對火星人來說不是一件痛苦的事，邁克就是繼承了火星人的觀念而在故事最後自我犧牲），甚至會毫不猶豫的讓內心帶著錯誤的攻擊者「解體」（因為火星人認為生命不會真正的被殺死）。而且在小說中火星人還幹了一件「壯舉」—— 在漫長的考慮之後（真的是思考了很長很長的歲月），摧毀了太陽系裡的第五行星（一個小說裡杜撰的外星文明），還毫不慚愧的讓這個事件成了火星傳統的一首壯麗史詩。即使從火星社會的內部結構來說，也是把死後生命（靈老）看成是更重要、更高貴的族群。海因萊因透過火星人的生死觀要表達這樣的看法：人類把「生存」看得太重要了，我們對生死天秤的看法已經失衡，愚昧的我們又怎麼知道死後生命是不是有著更深邃的意義？筆者用「生死平衡論」此一名詞來稱呼這種觀

點，其實，這種看法是很宗教、甚至是很莊子的[9]。也許海因萊因是要通過小說故事點出人類「貪生怕死」的生存態度的不健康及不平衡。即像奧修說的：

> 想想看一個沒有死亡的生命，那會是無法忍受的痛苦、無法忍受的存在。要過沒有死亡的生命，是不可能的。死亡定義生命，給生命一種強度……如果生命是永恆的，那麼有誰在意它？人們永遠可以等待明天 —— 那麼誰會活在此時此刻、活在當下？你必須跳入現在這一刻，必須進到這一刻最終的深度，因為沒有人知道下一刻會不會來。看到這個規律，人就自在了，對生與死兩者都自在。當不快樂到來，人們歡迎它；當快樂到來，人們歡迎它。人們知道，快樂與不快樂是同一場遊戲裡的夥伴。
>
> 這是必須時時牢記的一件事。如果它變成你內在一個根本的記憶，你的生命就會有一個全新的風味 —— 自由的風味、不依戀的風味、不執著的風味。無論什麼到來，你仍然保持靜止不動、靜默、

---

9 莊子曾經在〈齊物論〉中提出類似「平衡生死」的觀點：「予惡乎知說生之非惑邪？予惡乎知惡死之非弱喪而不知歸者邪？……予惡乎知夫死者不悔其始之蘄生乎？」翻譯成白話，意思是說：「我怎麼知道喜歡生存不是一種迷惑呢？我們怎麼知到厭惡死亡不是像從小流浪在外而不知道返回家鄉呢？……我怎麼知道已死者不會後悔當初他的貪戀生存呢？」

接受。[10]

是的！死亡與生存一樣，是同一場生命遊戲裡的珍貴夥伴。

在小說中，邁克所創建的宗教繼承了火星人的生死觀點，也為故事奇峰突起的結局埋下了伏筆及線索。

接下來，我們討論繼承了火星文明傳統的邁克宗教，為人類社會所提出的甚具挑戰性的第二套價值標準：

## 1.關於性、群婚、性解放的觀念

海因萊因在《異鄉異客》中透過邁克宗教討論到關於「性解放、群婚、生命的自由」等等的觀念，大概是整部小說作品裡最具震撼性、爭議性的議題。

首先要說明的是，關於性與婚姻的問題，是整部人類文明史中最為複雜的問題之一，本文無意對此一議題提出全面的研究，本文只是要指出關於「性、忠誠、婚姻制度」並不是絕對不需要被討論的，這裡還有很多的思考及爭議空間，而海因萊因通過《異鄉異客》，等於向一夫一妻制度開出了一響挑戰的炮火。

其實，海因萊因很有興趣寫「群婚」的制度，他在他的另一部名著《嚴厲的月亮》[11]中已經寫過一回 ── 講在月球的人類殖民地中由於人口及資源的嚴峻匱乏而建立起正式的群婚制度。但在《異鄉異客》卻寫得更為大

---

10 同註 3，頁 64 至 65。
11 《嚴厲的月亮》（The Moon is a Harsh Mistress）的譯本，見中國大陸四川科學技術出版社，2004 年 8 月初版。

膽與赤裸，因為《異鄉異客》所描寫的時代更接近真實的現代，所以火星來客邁克在他的宗教裡建立起的群婚制度就是一種更具爭議與更挑戰社會常規的行為。

　　海因萊因對這個問題的討論策略是首先確定「性」是整個人類行為的原動力及內核結構。稍微深思，發現小說家所說的還真是一針見血了，他說：

> 在地球人這邊，兩性的區別不僅制約著一切人類行為，同時也是人類行動的驅動力，從十四行詩到核方程式，無一例外。如果有哪種生物認為人類心理學家有些過於誇大其詞了，那就讓它上地球的專利局、圖書館和藝術品展廳去找找太監們的創作罷。[12]

在這樣的基礎上，進一步海因萊因通過小說人物朱巴爾之口說出關於「性」的洞見（似乎所有睿智的話語都是通過朱巴爾的口中說出）；首先從反面的角度，朱巴爾說：

> 大庭廣眾之下展示情欲讓我討厭，可這僅僅反映了人家在我幼年時灌輸給我的準則。人類當中有很大一部分和我的品位不同；群交的歷史可長著呢。不過，『厭惡』？我親愛的先生，只有那些觸犯我的倫理道德的事情才讓我厭惡。[13]

厭惡「性」，也就是前文所說的狹隘、後天的道德觀的一種。而且，由於人類負面情緒的作用（譬如忌妒），

---

12 同註 2，頁 121。
13 同註 2，頁 478。

讓「性」產生了錯誤與扭曲，朱巴爾說：

> 性是一種讓人快樂的東西。性應該讓人幸福。…
> 性最糟的一點就是，我們用它來相互傷害。它原
> 本永遠不該讓人痛苦；它應該帶給人幸福，或者
> 至少是愉悅。[14]

所以，朱巴爾認為應該從更正面、單純的角度去肯定「性」
的本質：

> 沒錯，我認為這一切都是道德的。狂歡、毫不羞
> 怯的性交、共同生活和無政府主義，一切。[15]

其實，海因萊因對「性」的看法，與其說是「佛洛伊德
式」的，不如說是「奧修式」的[16]，因為《異鄉異客》
裡肯定的性並不是指狹義的性行為或性器官，而是指一
種跟生命能量、愛、修行、本質的歡樂有關的需求及釋
放，即像奧修所說：

> 當我使用「sexuality」這樣的字眼時，指的並不
> 是性器官的性。性器官只是性裡面一個非常微小
> 的經驗和表現而已，而性是一件非常偉大的事情。
> 所謂「性的」狀態，我的意思是，只要你身體是
> 活生生的，感官充滿快樂的、全身顫動著、脈搏
> 悸動著 —— 那麼你就是處在性的狀態。它可能跟

---

14 同註 2，頁 485。
15 同註 2，頁 482。
16 如果說佛洛伊德的學術主張是所謂的「泛性主義」，相對的，奧修
　 對生命的看法則是「泛修行主義」。

性器官一點關係也沒有。

例如當你跳舞時，你是性的；一個舞者是性的，跳舞的能量是性的能量。它不在於性器官，你可能壓根兒都沒有想到性，完完全全忘掉性這檔事；當你忘記性這回事，而且你融解掉進任何與你整個身體深刻的互動裡，那即是性。你可能是在游泳或跑步 —— 早晨的跑步。

所以當我使用「sexual」這個字眼，指的是這個全然的經驗。性器官的性只是性的作用之一，它確實變得太過重要了，因為我們已經忘記性的全面作用。

…………

局部性器官的性是醜陋的，因為它最多只能給你釋放，無法給你性高潮。

射精不是性高潮，所有的射精都不是，而且任何的性高潮也不是高峰經驗。

射精是性器官的，性高潮是性的，而高峰經驗是靈性的。

…………

當你從腳趾到頭部都悸動著，當你存在的每條纖維都悸動著，當你身體所有的細胞都跳舞著，當有一個偉大的交響樂團在你內在產生，所有事物都在跳舞 —— 那麼這就是性高潮。

但是性高潮也不是高峰經驗。當你的內在全然地

> 悸動，那是性高潮；當你的整體完全跟存在的整
> 體融合為一，那是高峰經驗。然而人們已經決定
> 認同射精，他們已經忘掉性高潮，進而完完全全
> 忘記高峰經驗，他們對此一無所知。[17]

也許你不認為「性」可以引申出那麼深刻的意義（性→
性高潮→高峰經驗），也許你覺得這種觀點簡直是胡說
八道、駭人聽聞；但你不得不承認在「科幻」這種強調
娛樂、通俗的文類裡，小說家敢於提出、涉入這種充滿
爭議的人性議題，實在需要擁有過人的勇氣及膽識。

## 2.關於教育、傳教、修行、生命學習的技術

在小說所刻畫的邁克宗教裡，「性」與「修行」幾
乎是一體的兩面。邁克的宗教實行「群婚」制度，在這
種制度中，性與愛一樣，是分享，不是佔有；在這種婚
姻裡，不論男女，每個人的性都是開放、分享的；也因
此掙脫了一夫一妻制的彼此束縛，而讓忌妒與佔有慾等
等的負面情緒慢慢在人際之間消失。不是嗎？性只是工
具，是傳達愛的一種工具，而愛的重點是分享、付出，
而不是獨佔，所以「忠誠」會不會只是佔有慾的另外一
個名字？這不是很像老子所說的：「愈幫助別人自己愈
富有，愈分享給別人自己愈豐富。」[18]在邁克的宗教裡，
沒有必要覬覦別人的妻子，因為每一位妻子都是公開的
（丈夫也是，因為群婚），因為生命的愛是沒有止境的，

---

17 同註3，頁212至214。
18 《老子》81章：「既已為人己愈有，既已與人己愈多。」

在愛與性的大同世界裡，沒有什麼會失去，只除了恐懼、仇恨、忌妒、與罪惡感；朱巴爾形容只有與世隔絕、開化之前的愛斯基摩人擁有這種純真的性愛，而愛斯基摩人向來被形容成是地球上最快樂的人。當然，這種制度在現實人生裡是不是真的可行呢？則是另一個小說丟出的爭議性話題了。

　　另外，《異鄉異客》也談到了其他頗為符合修行原理的相關問題。譬如邁克在他的教會裡設計了一層一層學習火星語的修行系統，只有通過深入火星語的學習，才能有效掌握「超能力」或「神通」的運用。在小說裡，火星語代表的是一種迥異的「文明系統」，或指一種全新的「思維模式」及「心靈運作模式」，不錯！種種的能力及神通都只是副產品，只有「心」性的進化及蛻變，才是根本功夫。心轉境轉，正確的思維方式永遠是修行道路最重要的第一步，這樣的觀念是很「如法」的。

　　另一個相關的問題，邁克提到了「修行」的定義，他說：「**修行不是信仰；它只是一種方法，讓你在任何事情上都能高效運轉。**」[19]是的！修行不是什麼神聖、偉大的行為，它只是一種很樸素的生活學習。

　　而《異鄉異客》裡所提到的生活學習（修行）的內容，其實是很有東方哲學的味道的，譬如道家：邁克宗教裡的兄弟姐妹經常掛在嘴邊的口頭禪，像「**等待必須**

---

19 同註 2，頁 559。

圓滿」、「永遠不要匆忙」，這不是很有老莊自然無為、萬物隨順「道」的節奏的哲學意境嗎？又譬如佛學：邁克教會中見面時的問候語是「你是上帝」，意思是：「凡靈悟者皆是上帝。」這裡的「靈悟」，筆者以為很接近佛學所講的「覺」、「覺知」、「覺照」的觀念。凡覺知當下這個片刻的，即是上帝，即是佛。佛教不是說佛就是覺者（覺醒的人）嗎？所以覺醒即佛、靈悟即上帝的觀念，也是深富佛門風味的。

在小說裡，邁克的宗教甚至會提到一些很基本的傳教伎倆，譬如「公平交易原則」。邁克曾經說過：「免費的東西呆子們才不會在意呢。」[20]連孔老夫子教授學生，都至少要繳交豬肉乾（束脩）權充學費哩。是的！接受是比給予更困難的一件事。對一般的人來說，是不會重視他自己不曾付出代價的東西的。讓學習者付費，重點不是錢，而是學習效果。看來，海因萊因是頗懂宗教問題的種種竅門。

看完火星人及邁克宗教兩套有點「離經叛道」的價值觀念及標準，你的看法如何？也許，你不能同意其中部份的見解，但至少可以理解小說家在他的作品裡所提出的討論是嚴肅的。只是嚴肅的構思與見解是透過種種嬉笑怒罵的遊戲筆墨來包裝。

---

20 同註 2，頁 546。

## （三）嘻笑怒罵的遊戲筆墨

　　《異鄉異客》是一部構思龐大、場景壯闊的作品，而貫穿其中的，則是嘻笑怒罵的遊戲筆墨。所以在這一段文字裡，我們來談談它的故事結構與諷刺手法。

　　《異鄉異客》的故事描寫了三個世界（三個諷刺對象）：天使世界、火星世界、與人類世界；而人類世界又包括了政壇、朱巴爾的家、弗斯特教、及邁克宗教等四個部分。海因萊因的筆鋒即遊走在三個世界之間，極盡嘻笑怒罵之能事。

　　首先對人類世界的四個部分，海因萊因是絕不放過一絲一毫諷刺的機會的。在小說家的筆下，人類的政治圈是一個貪婪、齷齪、愚昧、表面民主、實質獨裁的集合體。同樣的，海因萊因認為人類的宗教也不是什麼好東西，小說中的弗斯特教是一個典型的斂財團體（已見前文的分析），而邁克的宗教雖然是小說中形象與內涵最正面的，但海因萊因行文之餘，也總是不忘消遣、逗弄一下邁克的憨直；海因萊因甚至對《聖經》的故事也不放過，在小說中有一段朱巴爾的話譴責了《聖經》中的所謂「義人」用處女的貞潔來交換暴徒的妥協的惡質行徑。[21]嘿！這個寫小說的真不是乖乖牌的上帝之子。至於人類世界的第四個部分（朱巴爾的家）則是整部小

---

21 同註 2，頁 342。

說的諷刺言論輸出中心，小說中幾乎所有睿智與挖苦的
語言都是通過朱巴爾的口中發出的，其中有一段，可代
表對人類世界諷刺的總結：

> 有一個領域，人倒是無與倫比：他能不斷花樣翻
> 新，發明更大更有效的方法去自我消滅、奴役、
> 折磨，永遠使他成為對他自己而言最難以忍受的
> 大禍害。在這方面，人類所展示出來的創造性簡
> 直沒有止境。人是他自己最嚴酷的玩笑。[22]

另外，在小說中的火星人世界，雖然描繪得比人類世界
正面許多，但也不能完全避免海因萊因諷刺的毒手，像
下面的幾段文字，小說家把火星與地球兩個型態各異但
同樣固執的文明，放在一起好好的挖苦了一番：

> 同宇宙中的其他地方一樣，所有這些行星都被名
> 為『生命』的古怪、扭曲的熵所污染；其中第三、
> 四顆行星（筆者按：指地球與火星）的表面溫度
> 總在一氧化氫的冰點上下浮動，發展出的生命形
> 式因此相當接近……[23]

> 第四行星的靈老們並非無所不知。雖然方式不
> 同，但他們狹隘的程度與地球人並沒有多少區
> 別。他們的確擁有更高級的邏輯，但仍然要以自
> 己本土的價值觀進行靈悟。既然第三行星的生物
> 忙亂不堪、喧鬧吵雜，靈老們自然會從他們身上

---

22 同註 2，頁 190。
23 同註 2，頁 120。

感知到無法治癒的『錯誤』，從而決定一旦它被
靈悟、珍愛、憎恨之後，就要著手淘汰。

不過，等他們慢吞吞地抽出時間來對付這個古
怪、複雜的種族，毀滅的可能性將會降到很低的
程度，甚至近於不可能。這種危險是如此微乎其
微，連關心第三行星的天使們都覺得可以置之不
理，所以並沒有在這個問題上浪費永世的時光。[24]

除了對火星與地球文明的諷刺，海因萊因還神來一筆的
多加了一個天使世界的構思。海因萊因對天使世界，一
方面似乎用不太正經、戲謔、遊戲的筆墨來刻畫 —— 天
使世界只出現過三個角色，一個是前任天使長弗斯特（由
弗斯特教的第一任神棍弗斯特充任），一個是繼任天使
長邁克（由死後的邁克的靈魂充任），最後一個則是邁
克的手下天使迪格比（由弗斯特教的第二任神棍迪格比
充任）—— 哦？純潔的靈魂與神棍的靈魂可以混在一道
執行天使的工作！另方面，海因萊因又似乎安排天使世
界是一個比火星文明與地球文明更超越、程度更高的國
度。正經與不正經夾雜，這是海因萊因在《異鄉異客》
的一貫筆法罷。筆者以為小說中的天使世界是一個峰迴
路轉、極具創意的寫法：既讓整個故事的場景變得更立
體、壯闊，而且也很有力道的掙脫科幻小說的限制而拉
高了寓言小說的深義，同時也加強了小說故事的喜劇效果。

---

24 同註 2，頁 577。

　　《異鄉異客》的內容既包含了嚴肅的議題及悲劇的成分（譬如邁克的殉難），也洋溢著遊戲的筆墨及喜劇的部分（譬如天使的世界）。在小說裡，不管任何的人事物，信手拈來，無不可以成為海因萊因諷刺、嘲弄的對象，但在諷刺文筆的底層又潛伏著論析生命哲理的雄心，真可謂做到了莊諧並重、文風潑辣、嬉笑怒罵、行雲流水、縱控自如的大師手段。

　　關於《異鄉異客》的遊戲筆墨，最後，筆者還要引介一段小說裡的諷刺文章，它觸及了非常深邃的人性之祕。

　　原來剛從火星返鄉的邁克，一直努力學習人性的內涵及地球的文明，但他始終無法學會一件事 ── 大笑。所以邁克定義「人是會哈哈大笑的動物。」[25]並且靈悟到「只要能靈悟笑聲，就能靈悟人類。」[26]終於有一回，邁克與吉爾四處旅行，二人在一所動物園中觀察一籠猴子（同樣是靈長類），邁克看著籠中的動物上演著大猴子欺負中猴子、中猴子欺負小猴子的惡搞遊戲，突然邁克發覺自己會哈哈大笑了！而且笑得不能停止，還差點笑岔了氣，好不容易由吉爾攙扶回旅館，漸漸止住了笑，滿臉淚痕的對吉爾說，他終於懂得為什麼火星人不會大笑而只有人類會的祕密：「人們為什麼要笑。他們笑是因為痛……因為只有笑才能讓他們不再痛苦。」[27]笑與

---

25　同註2，頁190。
26　同註2，頁411。
27　同註2，頁415。

痛並存的人性祕密？因為人類世界存在著太多的荒謬與
痛苦，所以不得不借著放聲大笑來沖淡痛苦的能量？邁
克說他從猴子的行為「**看到了我的同胞，看到了他們所
有的卑劣、殘忍和種種完全無法解釋的東西——那一瞬
間我痛徹心肺，然後就發現自己正在放聲大笑。**」[28]仔
細想一想，會發現小說家說的不無道理，只要回想我們
每個人過去哈哈大笑的經驗，有哪一次不是因為看到別
人的痛苦、不幸、倒楣而忍不住笑到肚子痛（所有喜劇
的賣點也都是環繞在人性中愛看別人「好戲」的基礎上
設計的）；也許，人間有著太多的不幸，所以人性才會
發展出把不幸喜劇化的能耐，藉此減輕、安慰人間滿溢
的傷痛。當然，歡笑、狂笑有它正面的意義，但海因萊
因在這裡觀察入微的點出、戳破了笑聲背後人性的隱痛
及悲哀的一面，可謂達到了黑色幽默與諷刺文學揉合悲
劇與喜劇、嚴肅與輕鬆、笑聲與淚水的藝術極致。

## （四）兩種不同型態的智者及智慧

　　上文討論過《異鄉異客》的宗教議題、爭議話題、
及寫作手法；跟著，在最後的這一點評論中，我們處理
另一個表現出深刻哲理的創作元素，就是小說中通過朱
巴爾與邁克這兩個人物，象徵兩種不同智慧的型態及智
者的形象。

---

28 同註 2，頁 416。

　　朱巴爾代表的是俗世的智慧、人間的智慧。

　　在小說中，朱巴爾是一位洞察世情、靈巧練達、學識淵博的智者。他的智慧是屬於行動的，而不是屬於理論的；是屬於人間的，而不是屬於天上的；天上的智者看見真理完美的身姿，但人間的智者卻懂得如何為完美的身姿穿上不完美的衣裳；所以前者是完美、超越的智慧，後者是不完美、圓通的智慧；前者是關於真理的學習與修煉，後者是關於生存的能耐與手段。所以朱巴爾的智慧話語往往都是通過玩世不恭、譏諷犀利的方式說出，譬如他戳破「利他主義」的不存在，頗類似老子所說的「產生而不佔有，做事能幹而不自我膨脹，幫助他人成長而不宰制他人，大功告成而不居功」[29]的「不望報」的看法，在這裡，朱巴爾的話其實是很「道家」的，只是他用更世俗、尖酸的語氣說出：

> 你們不欠我的。你們不可能欠我什麼，因為我從來不做任何我不願意做的事。其實人人都是如此，我的不同之處只在於我很清楚這一點，所以請不要發明一個根本不存在的人情債，不然的話，下一步你就該對我心懷感激了 ── 而感激是道德徹底淪喪的第一步。[30]

> 所有扭曲這個世界的胡言亂語裡頭，『利他主義』

---

29 《老子》第二章說：「生而不有，為而不恃，功成而不居。」第十章又說：「生而不有，為而不恃，長而不宰。」
30 同註 2，頁 139。

> 的概念是最糟的一種。人只幹自己想幹的事，回回如此。[31]

另外，下列兩段話，也充分表現出朱巴爾的「無為」及「接受」的生活洞見：

> 不去管別人的閒事，人類一切智慧的百分之八十都濃縮在這句話裡。[32]

> 對不可避免的東西只能盡力享受 —— 真的，我一輩子都在培養這種能力……[33]

其實朱巴爾的人間智慧不只表現在睿智的話語上，更表現在機敏的行動上；如果不是他巧妙佈局，玩弄權貴於股掌之間，為邁克擺平多方要來搶奪的勢力，邁克也不可能發展出後來的成就及成長。

至於邁克，則是朱巴爾的一個對反面，代表的是神聖的智慧、天上的智慧（或說非人間的智慧）。

剛從火星歸鄉的邁克，就像一個初入人間的神聖嬰兒，雖然蘊藏著無窮的生命潛力，但也非常的天真、稚嫩、無知、與純淨，即像吉爾初遇邁克時，就有這樣的印象：

> 但他就像個天使！一張純真安祥、不食人間煙火的臉上，長著一雙蒼老、睿智的眼睛！[34]

---

31 同註 2，頁 339。
32 同註 2，頁 236。
33 同註 2，頁 131。
34 同註 2，頁 29。

但在吉爾的保護及朱巴爾的啟發下，邁克迅速成長，愈來愈能夠憑藉他的火星經驗在地球行星上展現出透亮明淨的見識：

> 我試著說，但詞語⋯⋯詞語不⋯⋯對。不是『放』。
> 不是『創造』。是『當下』。現在的世界，過去
> 的世界，將來的世界，都是當下。[35]

上面一段話，是朱巴爾與邁克討論神創造宇宙的問題時邁克所說的，他認為「當下」是一個關鍵的生命態度，只要能做到活在當下、覺知在當下，那就是「創造」！那就是「神」！就是「上帝」！就是「靈悟」！當下就是創造！當下就是一切與真實。覺知在當下，不正是許多修行家派的基本共法與中心教義嗎？進一步，隨著故事的發展，邁克愈來愈成熟，漸漸的從天上的境界走向人間的國度（當然邁克還是保有他天上智慧的風格，譬如，故事最後邁克選擇殉教，換了做選擇的是朱巴爾，就絕對會有不同的結局），下面一段話，即頗有朱巴爾狡黠的味道：

> 光是善是不夠的，善永遠不夠⋯⋯善與智慧是同
> 一個東西⋯⋯
> 僅有善是永遠不夠的。你必須同時擁有牢固、冷
> 酷的智慧，只有這樣，好心才能實現好事。缺乏
> 智慧的善總會造惡。[36]

---

35 同註2，頁186。
36 同註2，頁548。

邁克成熟了！他最後的殉難其實也是一種策略的運用，但也總是帶著一種孤絕、超越的味兒。朱巴爾與邁克所代表的兩種型態的智慧，讓筆者想起一段回教「蘇菲宗」的故事：

> 有那麼一位蘇菲，由於先知之見，斷定某城不久將遭敵人圍攻。他告訴鄰居，鄰居知道他是一個誠實而單純的人，因此勸道：
>
> 「我相信你的話，也認為你應當去告訴國王。但是，如果你想讓他相信，不要告訴他你是靠智慧預測到的，而要說是靠星相。他聽了就會行動，城才會得救。」
>
> 那蘇菲照著做了，城也因之得救。[37]

一般人閱讀上段故事，多半只會注意那位蘇菲，而容易忽略另一個角色：鄰居。其實那位鄰居也是一位「蘇菲」（類似先知的意思），意義整理如下：

蘇菲是一位天真的智者。他象徵神聖智慧 —— 天上的、真理的、超越的智慧。這是生命成長的第一度成熟，這是完美的形而上意義，又稱為「完美」智慧。

鄰居是一位圓通的智者。他象徵世俗智慧 —— 人間的、生活的、機巧的智慧。這是生命成長的第二度成熟，這是完美的形而下意義，又稱為「不完美」智慧。

神聖智慧與世俗智慧的合璧，才是智慧的全相啊！

---

37 伊德里斯・夏編輯，孟祥森譯《蘇菲之路》頁 38。（聯經，民國76年4月二版。）

不僅要懂得真理，還要懂得如何讓真理在人間翩躚起
舞！那就是純真心靈加上魔法師般手段的真理圓義。

　　當然，在小說中，就是朱巴爾與邁克兩個人物所代
表的意涵。故事的最後，有一段朱巴爾與邁克父子二人
深入的長談，正好象徵這兩種智慧心靈的照面相逢。[38]在
小說中，還有一點很有意思的設計，就是朱巴爾與邁克實
質上是父子的關係，是不是小說家隱喻在現實人間的成長
與學習上，世俗智慧正好是神聖智慧的父親與導師啊！

　　最後，筆者覺得海因萊因實在有一點像他筆下的人
物朱巴爾，一樣擁有看透人間眾生相的犀利眼光。在小
說中，一直最擔憂邁克的宗教事業的就是朱巴爾，象徵
世俗智慧深深了解神聖智慧在人間行道的危險性。海因
萊因最後安排邁克犧牲、殉難、解體，竟然與本文所引
用的資料的作者修行大師奧修的生平遭遇極為相似 ──
奧修也曾遭美國政府的保守勢力驅逐、下毒、迫害。大概
海因萊因看穿了歷史上偉大的宗教家的共同宿命，而借朱
巴爾之口說出其中神聖、無奈、又不得不的悲劇軌跡：

> 　　一次又一次，總是同一個悲慘的故事：一個關於
> 完美的分享、完美的愛的計畫，光榮的希望和崇
> 高的理想 ── 緊接著就是迫害和失敗。[39]

邁克死後，朱巴爾開始發施號令、重新接手邁克未完成
的工作 ── 神聖智慧與世俗智慧的結合？這又是另一個

---

38 同註 2，頁 546 至 560。
39 同註 2，頁 483。

充滿象徵意義的文字安排了。

# 餘話：昆德拉的標準

　　小說大師米蘭‧昆德拉曾經在其評論著作《小說的藝術》裡提出一個分析小說作品的座標及軟體，即所謂「小說的四個召喚」，摘錄如下：

**遊戲的召喚**

（《小說的藝術》稱為『壯麗的遊戲』或『輕盈的頂峰』。）

**夢的召喚**

（稱為『想像力盡情爆發之地』。）

**思想的召喚**

（『理性的、非理性的、敘述的、沉思的可能手段，觀照人類的存在』。）

**時間的召喚**

（『就像一個老人，一眼看清自己流逝的生命。』）[40]

昆德拉所謂的小說的四個召喚，其實意思接近小說藝術的四種精神或四個特點。這是一個評論小說很好的標準。如果用更淺近的語言來說，所謂「遊戲的召喚」、「夢的召喚」、「思想的召喚」、「時間的召喚」即分別指一部小說作品的「趣味」、「創意」、「深度」與「感動」。接著，我們再一次給予系統的整理：

　　1.遊戲的召喚：趣味、一部小說的娛樂性。

---

40　見米蘭‧昆德拉（Milan Kundera）《小說的藝術》頁 24 至 25。（皇冠文化，2004 年 3 月初版。）

2.**夢的召喚**： 創意、一部小說的創意手法。

3.**思想的召喚**：深度、一部小說的深刻性。

4.**時間的召喚**：感動、一部小說的感人力量。

1-3 是小說作品的市場與藝術。

3-4 是小說作品的理性與感性。

需要稍加補充說明的一點是：昆德拉所謂的「**時間的召喚**」，意思指一位優秀的小說家，往往能在他的作品裡敏銳而準確的捕捉、紀錄、剪裁一個在悠長的人生河流裡一瞬即逝的動人時刻。這種魔法片刻往往稍縱即逝而且極難描摹，但通過小說家的藝術「妙手」，常常能夠成功的「偶得」其間的神容乍現，而由此產生極深沉的藝術效果及感人力量。

好了，說了那麼多，我們終於可以借用這套評論軟體去看看海因萊因《異鄉異客》的藝術成就：

| 科幻小說《異鄉異客》中的四個召喚 | |
|---|---|
| 1.遊戲的召喚：趣味、娛樂性 | ☆☆☆☆☆ |
| 2.夢的召喚　：創意、創意手法 | ☆☆☆☆☆ |
| 3.思想的召喚：深度、深刻性 | ☆☆☆☆☆ |
| 4.時間的召喚：感動、感人力量 | ☆☆ |
| 備註：五顆星指最高的評比。 | |

從上表中，可以清楚看到《異鄉異客》在四個召喚裡的前三個都得到很高的成就（當然這是筆者個人的主觀判斷）：《異鄉異客》是一部深入淺出、兼顧市場與

藝術、娛樂與深度的科幻作品，而且奇思妙想、創意不斷，往往給予讀者意料之外的驚喜，所以在第一個召喚（趣味）與第二個召喚（創意）上得到高度的評價，應該是合情合理的。而本文大部分的內容都是討論《異鄉異客》的深層結構，經由上文的印證，所以在第三個召喚（深度）上得到高評比也理當不在話下。其實，一部小說作品能在三個召喚裡獲得如此高度的藝術成就，已經是非常不容易的傑作了；至於在第四個召喚（感動）的表現上，由於科幻小說是比較傾向知性風格的文類，自然不免在感性元素上有所欠缺，但在上表中還是給予《異鄉異客》在「時間的召喚」上兩顆星的評價，理由是：故事中有一段動人時刻的文字描寫是非常成功的 ── 在故事結束之前，邁克殉難了，朱巴爾在立體電視看著「兒子」的犧牲，再環顧其他的兄弟姐妹，怎麼沒有人流露任何悲痛之情？（因為其他人的生命已經進化到能與邁克的靈魂取得聯繫的程度。）朱巴爾內心沉痛，無法割捨與邁克的父子感情，獨自一人摸索著回到房間，一向嘻笑怒罵、玩世不恭的他竟然傷心自殺，彌留之際，邁克的靈魂把他救回來，並且重新給予朱巴爾生命的能量及勇氣，從鬼門關走回來的朱巴爾，重新振作，而且在「靈悟」了邁克的屍體之後，便開始接手邁克未竟的工作。

　　這一段原文頗長，而且必須上下文連貫閱讀才能感受「時間的召喚」的藝術魅力，所以本文就不節錄，而

留給讀者自行賞析了。

## 結語：難以定位的藝術傑作與
## 難有定論的爭議議題

《異鄉異客》究竟是一部怎麼樣的小說？

從正式的文學類型來看，它應該是一部「科幻小說」，但它的寫法更像是一部批判現實的「諷刺小說」，它的精神內涵則是一部很深邃的「哲理小說」，也有點像是廣義的「寓言小說」。也許，真正傑出的作品往往橫跨許多不同的領域，而難以清楚判斷它的學術分類與定位罷。

另外，《異鄉異客》的內容對宗教、死亡、性、婚姻等問題提出了許多大膽、甚至很多人覺得是離經叛道的意見，在一部通俗作品裡敢於碰觸這些禁忌話題，海因萊因真是一位勇敢的小說家。

至於本文的研究素材主要是根據兩部書：《異鄉異客》及《奧修開悟 ABC —— 新時代入門辭典》。前者是研究主題，後者是補充材料。而本文的研究發現，海因萊因與奧修的看法竟然有著驚人的吻合，也就是說小說家對前述議題（宗教、死亡、性、婚姻）的意見達到了修行大師的高度！這就是《異鄉異客》在思想內涵上的傑出之處。奧修與海因萊因算是同時代的人（奧修在1990 年去世，海因萊因在 1988 年去世），所以筆者不禁懷疑海因萊因的藝術精神是否有受到奧修思想的影

響？尤其《異鄉異客》的主角邁克與奧修本人的遭遇非常雷同 —— 前者在小說中被保守勢力殘害殉教，奧修本人則在 1985 年受到美國保守勢力的迫害，而被驅逐離開美國國境，而且奧修與他的醫生事後懷疑在美國囚禁期間，奧修被美國政府下了重金屬的毒，因此嚴重影響到奧修晚年的健康。[41]當然，《異鄉異客》在 1961 年早已問世，故事內容不可能受到奧修 1985 年事件的影響，但如果海因萊因與奧修的思想真的有所連線，那我們就不得不佩服小說家洞察、預言宗教宿命的犀利眼光。論者有以為《異鄉異客》是「嬉皮士的聖經」[42]但從本文的觀點，筆者卻覺得《異鄉異客》應該是「靈修思想的科幻經典」。

　　最後，筆者忍不住對海因萊因在《異鄉異客》裡所表現的「筆法」再一次的致意，《異鄉異客》那種嬉笑怒罵、天馬行空、潑辣諷刺、收放自如的說故事本領，正好表現出一位小說家爐火純青的創作高度。大概文學作品到了成熟的境界，文字之間都會不經意的帶著一份瀟灑不羈的遊戲筆墨罷。

　　（本文原發表於《萬竅 —— 中華通識學刊》第七期，中華大學通識教育中心，民國 97 年 5 月出版。）

---

41 奧修的生平事件見奧修著、黃瓊瑩 Sushma 譯《叛逆的靈魂 —— 奧修自傳》。（生命潛能，2003 年 1 月初版。）

42 見尹傳紅著《幻想 —— 探索未知世界的奇妙旅程》頁 93。（大陸上海文化，2007 年 2 月初版。）

# 從《戰爭遊戲》、《死者代言人》與《明日滅亡》的生命救贖及宗教關懷論析科幻小說的深層意義

## 摘　要

　　在西方，科幻小說有著悠久的傳統，但主要還是以通俗讀物、娛樂作品的形式出現。可是從赫胥黎（Aldous Huxley，1894－1963）的《美麗新世界》（A Brave New World）及喬治・歐威爾（George Orwell，1903－1950）的《1984》兩部名著開始，嘗試通過科幻小說這個文類去探討自由與集權的嚴肅問題之後，一直發展到後來的三大科幻小說大師 ── 艾西莫夫、克拉克、以及海萊因，其間科幻小說在西方名家輩出、傑作紛呈，而且從不間斷的嘗試思考人類生命的祕密及人類社會何去何從的問題；於是，科幻小說已經不是「娛樂」的代名詞，而逐漸累積出深厚的思想性與藝術性。

　　本文要介紹的兩位小說家卡德與張草的三部作品 ──《戰爭遊戲》、《死者代言人》與《明日滅亡》，正是有著這種深層結構的經典之作。而且本文進一步觀

察到這一洋一土的兩位小說家擁有著相當契合的寫作風格：「文以載道」的藝術類型、突出的宗教背景、深刻的思想元素、以及細膩感人的言情筆觸。對筆者個人的閱讀歷史來說，發現這兩位小說家的作品是相當令人驚喜、而且充滿啟發的閱讀經驗。也許，同時擁抱藝術與市場、可讀性與深刻性，正是科幻小說最大的魅力所在。

**關鍵詞**：1.科幻小說　　2.卡德　　　　3.張草
　　　　　4.《戰爭遊戲》5.《死者代言人》6.《明日滅亡》

## 前言：從科幻閱讀到科幻沉思

　　對從小酷愛閱讀小說的筆者來說，閱讀科幻作品倒是比較晚起的經驗（大約從青少年時期開始）。但與許多台港科幻人口的「倪匡經驗」[1]不同，筆者一開始閱讀的即是一些世界科幻名著的簡單譯本，而且一讀之下怦然心動，從此開展了歲月悠長的科幻閱讀之旅，中外名著，多方設法，四下訪讀。但儘管後來讀到了許多大師級的傑作，即便像艾西莫夫的機鋒睿智、克拉克的史詩風格、以及海萊因的妙趣橫生[2]，然而對筆者來說，這個

---

1　倪匡是中文閱讀圈中知名的科幻作家，著有數量龐大的傳奇式科幻冒險作品。

2　以撒‧艾西莫夫（Isaac Asimov1920-1992）、克拉克（Arthur C．Clarke1917-）、與羅伯特‧海萊因（Robert A．Heinlein1907-1988）是當代英文寫作界三大科幻小說大師，其作品至今仍具有不可動搖的地位。艾西莫夫的代表作品有「基地系列」、「機器人系列」、「帝

文類仍然停留在「科幻閱讀」的階段 ── 意思說閱讀科幻小說對筆者而言依然是娛樂活動,即使能欣賞其中的文字之美及藝術境界,卻從未想過這個通俗文類背後是否有可能潛藏著更深層的結構及意涵。直到前幾年遇到了美國作家卡德的「安德系列」及台灣作家張草的「滅亡三部曲」,才幡然醒覺:啊!原來科幻小說也可以是這樣寫的!

這一洋一土的兩位科幻界後起之秀帶領筆者見識到科幻小說的「文以載道」 ── 藉科幻故事之文裝載生命之道。縱然兩位小說家所要盛裝的「道」的內容不同,但同樣的幫助筆者從「科幻閱讀」的階段進入「科幻沉思」的天地之中。

## 關於作者與作品的一些說明

在進行作品的層層分析之前,似乎有必要對兩位小說家及其作品做一些扼要的說明。

歐森・史考特・卡德(Orson Scott Card1951 ─ )是出生在美國首都華盛頓,目前筆鋒仍健的一位科幻小說名家。卡德是一位十分多產的小說家,除了最負盛名的「安德系列」以外,還先後創作了「渥辛系列」、「造

---

國系列」等等。克拉克的代表作品有「太空漫遊系列」、「拉瑪系列」及《童年末日》等等。海萊因的代表作則有《異鄉異客》、《星船傘兵》、《銀河系公民》、《夏之門》、《雙星》、《嚴厲的月亮》、及《4=71》等等。

物者艾文系列」、「歸鄉系列」、「五月花系列」及「創世記中的女人系列」等六個系列數十本長篇著作[3]。而且卡德的作品不只以量取勝，在品「質」上也同樣受到肯定 —— 從 1977 年發表第一篇小說開始，卡德在科／奇幻界最高桂冠的兩果獎及星雲獎總共獲得了二十四次提名，並有五次捧回了首獎獎盃的紀錄，更驚人的是本文討論的《戰爭遊戲》（Ender's Game 1985 年發表）及《死者代言人》（Speaker for the Dead 1986 年發表）兩部作品竟然史無前例的拿下了連續兩年兩果獎及星雲獎長篇小說的雙料獎項！至少在得獎的次數上，可說是超越了前輩的腳步。除了上文所說的這些「基本資料」，本節特別提出一點確實有影響到作品題材及風格甚鉅的關於卡德本人的背景資料，即是卡德的摩門教信仰。卡德是一位虔誠的教徒，也可能是第一位將廣義的基督教價值觀深深融入作品的科幻小說家，而且這個嘗試不單沒有變成通俗小說的「闌尾」，反而成為其作品的特色甚至強項，有論者曾說：

> 綜觀卡德的創作，我們可以發現，他受摩門教的影響甚深。除了明顯將宗教議題帶入作品當中，連帶也使卡德的故事十分強調家庭與道德的價

---

3 關於卡德作品的詳情請參考歐森・史考特・卡德（Orson Scott Card）所著《戰爭遊戲》中林翰昌的〈導讀〉頁 19 至 29。（星定石文化，2005 年 5 月初版。）

值。[4]

卡德將宗教融入科幻小說的方式為科幻小說帶來
了新面貌。[5]

是的！「宗教關懷」是卡德作品的一貫主題，而這個主
題同樣深刻的表現在本文所要討論的兩部小說作品 ──
《戰爭遊戲》及《死者代言人》── 之中。《戰爭遊戲》
及《死者代言人》是「安德系列」中第一、二部長篇小
說，也是這個系列最精采的兩部作品[6]，這兩部科幻作品
講的是一個關於深刻的寂寞與隱痛、溝通的艱辛與漫
長、以及真正的救贖與安慰的心靈故事。

至於本文討論的另一位科幻作家張草（本名張容嶸
1972－），是一位出生在馬來西亞沙巴州、後來赴台灣
求學的華文作家。如果論作品的質量及文壇的地位，年
輕的張草當然不能與卡德相比；張草的代表作自然就是
由《北京滅亡》、《諸神滅亡》、《明日滅亡》三部長
篇小說組合成的所謂「滅亡三部曲」，其中《北京滅亡》
得到第三屆「皇冠大眾小說獎」的首獎，但筆者最激賞

---

4　同註 3，頁 26。

5　見歐森·史考特·卡德（Orson Scott Card）所著《死者代言人》中
　　姚海軍的〈導讀〉頁Ⅲ。（四川科學技術出版社，2003 年 9 月初版。）

6　林翰昌的〈導讀〉曾說：「『安德』系列的第三集《異星獵殺》
　　（Xenocide，1991）和第四集《心靈之子》（Children of the Mind，
　　1996），延續了《亡靈代言人》的故事。卡德有意在這兩集的故事
　　中加入更多異文化風味，可是故事主體只是《亡靈代言人》的延續，
　　沒有更進一步的開展，反倒像是系列人物的交代，文化衝擊的層面
　　也不若前作來得印象深刻。」同註 3，頁 24。

的還是第三部《明日滅亡》的波瀾壯闊的場景及深刻動
人的情懷，所以本文分析「滅亡三部曲」，也是以《明
日滅亡》作為討論重點。同樣的，除了上述的「基本資
料」，本節要特別提出的是張草與卡德一樣是一位具有
宗教背景的作家，張草得到聖嚴法師的背書，是一位「已
經學佛多年的佛教徒」[7]，而且與卡德一樣，張草的佛教
價值觀深深影響著他的小說作品，所以「滅亡三部曲」
可以說是一部充滿佛理（甚至佛經經文）的科幻鉅著。

　　談到這裡，也許讀者會誤以為《戰爭遊戲》、《死
者代言人》及《明日滅亡》都是一些艱澀難懂的小說，
正好相反，這兩位作家最驚人的功力就是能夠做到將極
艱澀的宗教議題與宗教哲理融入極通俗的故事情節之
中，所以這三部小說作品不只深刻，而且是很好看的！
卡德曾經回應對他的作品的一些負面評論說：

　　　　既然許多作家與評論家他們的整個生涯，都是奠
　　　基在凡是一般大眾不需要引介就能理解的作品全
　　　是垃圾的認知上，他們會認定我的小說低劣粗鄙
　　　也是很自然的。要是每個人都同意故事該用這麼
　　　清楚的方式述說，文學教授將會丟掉飯碗，寫作
　　　複雜作品的小說家也將不再受到尊重……[8]

從這段文字可以看出像卡德及張草這些作家所認同的寫

---

7 見張草所著《明日滅亡》中聖嚴法師的〈推薦序〉頁 5。（皇冠文
　化，2003 年 6 月初版。）
8 同註 3 的〈作者序〉，頁 12。

作觀：必須用清楚、不難懂的方式表達故事及其內涵。不是如此嗎？「深入淺出」，不正是每個文字工作者所夢想的最高境界嗎？

## 《戰爭遊戲》與《死者代言人》的故事大綱

　　好了！我們可以開始分析科幻小說的深層世界，先從卡德的作品開始。但在討論作品的內涵之前，似乎有必要先行交待《戰爭遊戲》與《死者代言人》兩部小說的故事情節。

　　在這兩部小說中，卡德使用兼具濃厚宗教情懷與細膩內心描寫的筆觸，探索不同生命經驗之間溝通及了解的艱困、悲辛、與莊嚴。

　　故事開始於蟲族外星人入侵地球的戰爭年代。在人類與蟲族暫時停戰期間，地球聯合艦隊發現了天才兒童安德。安德出生在一個天才家庭，長兄彼得、姐姐華倫婷、與安德本身都是天賦驚人的地球之子。但聯合艦隊寧可放棄天性殘忍、野心極大的彼得，而選擇了敏銳卻仁厚的安德作為屠殺異族的冷血殺手，原因是安德具備了一項特殊的天賦 ── 極度敏感的同情心與同理心能讓他能夠準確無誤的窺探、了解其他心靈的內在秘密。知己知彼，是戰爭的必勝手段！問題是安德的仁厚又讓他失去作為一個冷血屠夫的素質，於是聯合艦隊想出了解決辦法。

　　在經過戰鬥學校長期的嚴格及不人道的訓練之後，

聯合艦隊讓指揮官安德率領一群天才少年進行模擬太空戰爭的遊戲，安德一次又一次洞悉了敵人的戰術及心意，一次又一次擊敗了模擬的蟲族艦隊；在一連串備受強大壓力的戰爭遊戲之後，安德終於在電腦模擬中贏得了最後的戰役，成功地摧毀了蟲族母星及所有的蟲后。遊戲結束，安德卻驚訝的發現指揮中心裡一片欣喜若狂，然後他們感激的告訴安德：戰爭結束了。蟲族外星人被殺得一個不剩！原來所有的模擬太空戰爭一直都是玩真的！安德親手屠戮了整個智慧種族！

　　戰爭結束後，人類接收了蟲族所有的科技、資源、與殖民星球。同時安德的哥哥彼得趁機而起，利用網路世界的言論力量，逐漸鯨吞了整個地球的霸權，成了大統領。至於心靈瀕臨崩潰的安德一方面自我放逐，另方面得到了姐姐華倫婷的警告，要趕快逃離兄長的控制，於是姐弟倆隱居在蟲族舊有的殖民星球上。但此時安德驚訝的發現：蟲族並未死絕！在殖民星球上留下了最後一個蟲繭及心靈訊號──原來人類與蟲族的星際戰爭根本是起於一場誤會！蟲族原來是一種「整體性」生命，蟲后及一整個族群根本就是一個生命體；所以對蟲族來說，殺了一些人類，擊毀一些人類的太空船，就好像一個人掉了幾根頭髮及摔壞了幾件玩具一樣，對蟲族而言，根本無法了解「個體生命」這種生存方式。等到經歷了長期「戰爭」的接觸，蟲族才了解到人類擁有完全不同的文明及生命型態，他們等於屠殺了幾百萬的人類

生命！大錯鑄成！蟲族馬上停止了一切「戰爭」，回到本星系，但蟲族知道人類不會原諒它們。終於等到大敵安德出現，蟲族意識到快要失去一切，於是留下了最後一個蟲繭及心靈真相，告知人類兩個不同生命形式之間溝通的艱難與痛苦、罪惡與救贖。得知真相之後，安德毅然帶著華倫婷及蟲后之繭，結束隱居，漫遊宇宙，要為蟲族找到復興的世界，好補償自己滿手血腥的罪惡。臨走之前，安德為蟲族及兄長彼得寫下了《蟲族女王與霸主》一書，傳遍每一個人類世界，感動了無數人的心靈；從此留下了為死者代言這一新起的宗教儀式，好安慰死者與生者沉痛的心靈。

　　三千年的宇宙旅行匆匆過去，但安德與華倫婷由於經常處於星際旅行的生命狀態，受相對論時差效應的影響，仍然停留在三十幾歲的年齡。但月換星移，隨著三千年的歲月流逝及蟲族真相的廣為人知，當年被歌頌為拯救人類文明的地球英雄安德，已經被世人視為屠戮整個偉大異族的劊子手；安德這個名字，成了惡魔的代名詞。因此安德只好隱姓埋名，一方面從事死者代言人的工作，一方面繼續為蟲族尋找復興的星球。但蟲族的新世界尚未找到，安德卻已聽聞星際議會（議會的前身即是地球聯合艦隊）找到了繼蟲族之後另一個外星智慧種族 —— 豬仔。豬仔的文明只停留在原始部落的社會型態，但豬仔本身卻擁有不為人類了解的神祕生命形式。而且在此同時驚爆了先後兩代外星人類學家慘被豬仔開

膛剖腹的慘案。於是安德毅然趕赴豬仔的星球，既要為兩位慘被犧牲的外星人類學家代言，又要查明豬仔神祕的生命真相，同時安德本身也深為在豬仔星球的人類殖民地裡身陷巨大痛苦的天才少女娜溫妮阿所吸引；還不止此，這時安德驚訝的發現：豬仔的星球竟然是最適合蟲族復興安居的新世界！

安德帶著網路智慧生物「簡」到了豬仔的星球展開調查工作，慢慢的揭開了豬仔原來是動、植物兩態物種的生命真相。這種奇特的生命形式又與廣及整個星球生態的「變形病毒」有關，原來「變形病毒」讓豬仔的星球「盧西塔尼亞」的所有物種都成為動、植物兩態的生命，對豬仔來說，必須在動物生命進入成熟期後進行活剝解體的殘忍儀式，讓垂死身體的器官深植大地，目的是幫助動物生命蛻變成更神聖的植物生命 ──「第三種生命」── 之中，這是豬仔痛苦而必需的蛻變過程，也就是說，豬仔並不是要謀殺皮波與利波父子，反而是因為感激這兩代外星人類學家對豬仔部族所做出的貢獻而與二人結為兄弟，而在豬仔的風俗裡，把對方「種」起來是兄弟之間表達愛的一種最深方式，問題是不知祕密的皮波、利波父子不願意「殺害」豬仔，只好選擇犧牲生命讓豬仔把自己「種」成樹，所以豬仔的本意不是謀殺而是要幫助這兩位兄弟蛻變成「第三種生命」啊！但生命型態全然不同的人類當然不可能變成「第三種生命」，對皮波、利波父子來說等於是自願接受一種充滿

痛苦折磨的凌遲死刑！安德知道真相後，「簡」卻為了一個特殊的原因，把「變形病毒」的事實真相傳給星際議會，讓星際議會知道一旦讓這種病毒傳染出去，會為其他的人類世界帶來毀滅性的生態浩劫。於是人類猛然撕下了保護豬仔的假道學面具，組成強大的星際艦隊，要一舉摧毀連同豬仔與殖民地人類的「盧西塔尼亞」星球，這彷彿是重蹈當年屠戮蟲族悲劇的覆轍。難道人類的天性真的無法跟其他不同的生命經驗和平共存？

同時，安德沒有停止為死者代言的工作，他終於全然了解與解開皮波（娜溫妮阿情感上的父親及老師，因為在無意中看到了娜溫妮阿的研究資料得到靈感，衝進豬仔的森林，隨即發生被豬仔開膛活剝的慘劇）、利波（皮波之子，娜溫妮阿情感上的兄長及愛人，因為娜溫妮阿覺得皮波是看到了自己的資料以致慘遭豬仔屠殺，為了避免利波重蹈父親的覆轍，便將自己的研究資料封鎖起來，而且進一步拒絕了利波的求婚，因為「盧西塔尼亞」人類殖民區的法律規定夫妻之間不能隱藏任何的私人資料，但利波最後還是偷看了娜溫妮阿的研究資料並且重複了父親的悲劇）、娜溫妮阿（召喚安德前往「盧西塔尼亞」為死者代言時，娜溫妮阿只是一個少女，但當安德經歷星際旅行時差到達「盧西塔尼亞」時，娜溫妮阿已經變成一個與安德年齡相仿的心靈嚴重受傷的母親及女子）、馬考恩（娜溫妮阿為了杜絕利波的糾纏，決然答應了深戀著她的馬考恩的求婚，但娜溫妮阿早知

道馬考恩患有不育的絕症，婚後仍然忍不住對利波的思念而與利波私通生下六名子女，馬考恩在長期的內心煎熬下，漸漸的從迷戀著妻子的愛人變成一個酗酒家暴的丈夫，最後鬱鬱病亡）、以及娜溫妮阿五名子女（其實都是利波的孩子，但都在不知生父是誰及目睹母親長期被家暴的扭曲家庭氣氛下長大）三代之間複雜的愛與苦，並幫助娜溫妮阿及六名孩子治癒了長期封閉與受傷的心靈，因此贏得了娜溫妮阿及五名孩子的愛、以及整個「盧西塔尼亞」人類殖民社區的敬重。接著安德前往豬仔的森林，會見自己命名為「人類」的豬仔領袖及其部族，並告知「人類」及其他豬仔兩族生命型態的差異及事情的真相，豬仔聽到真相後放聲慟哭，原來自己無意中血腥屠殺了敬愛的皮波與利波父子，原來人類並不能被「種」成「第三種生命」啊！於是安德代表人類社區與豬仔締結盟約，並答應豬仔在蟲后重生之後由蟲族幫助豬仔學習新的科技及知識（豬仔能與蟲繭中蟲后心靈溝通）。最後，與「人類」結為兄弟的安德沉重的接下了殘忍但必須的儀式，幫助「人類」把牠「種」起來，安德看見在「人類」殘破的「屍體」中神奇的茁壯出一棵幼樹，安德知道了「人類」進入了更高貴的「第三種生命」。

　　繼《蟲族女王與霸主》之後，安德寫下了《「人類」的一生》一書，記載了豬仔一族的痛苦與成長、生命週期與社會結構、黑暗與光明……然後讓網路生物「簡」

將著作傳遍各個人類世界，也讓所有人類世界了解星際議會即將發起醜惡的滅族戰爭。接著安德終於將蟲后之繭釋放在「盧西塔尼亞」的大地上，蟲族女王的翅膀在「盧西塔尼亞」的陽光下伸展舒張，女王重生的心靈感染著安德，讓他心中充滿巨大的喜悅。安德喜極而泣，說：「我現在可以死了，我一生的工作已經完成了！」

當然事情沒有如此簡單，理清豬仔的生命真相以及外星人類學家的真正死因、幫助娜溫妮阿從心靈的創傷走出來、並且幫助蟲族女王找到新的家鄉的安德，為了自保及「盧西塔尼亞」上所有種族的生存，進而糾合各方人馬起而行動。但，安德與「簡」真能成功攔截星際艦隊的攻擊嗎？真能找到「變形病毒」的解藥好解放豬仔星球的自由嗎？種種問題雜沓而至，諷刺的是，安德從異族殺手變成異族的保護人，這位人類歷史上第一位死者代言人，這回要面對的是同類之間溝通與諒解的困難。也許，這正是小說家卡德在科幻故事背後隱藏的深層思考罷。

## 《戰爭遊戲》與《死者代言人》的創作元素與深層意義

看完了這兩部小說作品跌宕起伏、激動人心的故事之後，細心的讀者是否有體察到其中的深層結構？接下來，我們開始分析作品的創作元素及深層意義，分成下列三點來討論。

## （一）兒童世界的睿智與殘酷、黑暗與光明

　　我不知道為什麼卡德會在小說裡對「天才兒童」這一議題用上這麼龐大的關懷及這麼細膩的筆觸？是因為他本身就曾經是一位天才兒童嗎？還是他曾經有機會直接碰觸天才兒童的內心隱痛？總之，關懷「天才兒童」的內在祕密，是《戰爭遊戲》與《死者代言人》兩部小說重要的創作元素。卡德曾經回應一位負面批評他的小說的女性資優兒童諮詢師說：

> 我內心頑皮的一面想要這麼回答那位諮詢師：妳不認為資賦優異兒童會這麼說話的唯一原因，是因為他們知道在妳面前最好是這麼講話。但更真實的答案是，《戰爭遊戲》肯定了兒童的獨立人格，而那些習慣用另一種方式看待兒童的人——特別是靠這個謀生的人——將會發現《戰爭遊戲》就像眼中釘一樣難受。兒童永遠是個自動替補的下層階級，無力逃脫成人的決定，直到他們也變成大人為止。而《戰爭遊戲》，就此觀點看來，甚至是像某種革命手冊。[9]

讀完這段話，讓筆者想起教育界著名的《夏山學校》[10]裡的革命性主張：「愛孩子，就是贊成孩子的一切。」「夏

---

9　同註 3 的〈作者序〉，頁 13。
10　請參考尼爾著、王克難譯《夏山學校》。（遠流，1991 年 3 月初版 27 刷。）

山的宗旨不是讓學生適應學校,而是讓學校適應學生。」
「『自由兒童』是解決一切教育問題與社會問題的良方。」
「幸福是怎樣獲得的?最好的答案是:消除一切的權
威。」也許,現實人生中的「夏山學校」正好是小說故
事裡的「戰鬥學校」的一個很好玩的鏡像罷;但,諷刺
的是,「夏山學校」或者只是教育界裡的孤例,在真實
的人生裡,多的反而是像「戰鬥學校」這種充斥壓力及
扭曲的環境。

　　在另一封讀者來信中,同樣可以看出卡德小說的創
作能量:

> 親愛的卡德先生……我們是一起參加今夏普渡大
> 學（Purdue University）為期兩周的資賦優異學生
> 營的學生。……我們大多數人都很寂寞,而且是
> 從幼稚園就開始。當老師從不間斷地稱讚你,你
> 「融入」團體的機會幾乎是零。……獲得尊敬的
> 唯一方法,就是表現得優秀到讓人無法忽視……
> 但也非常寂寞……《戰爭遊戲》與《亡靈代言人》
> （筆者按:本文所用的大陸譯本,書名是《死者
> 代言人》）裡頭幾乎所有東西,對我們每一個人,
> 在非常、非常私人感受的層次上,都有極度相似
> 的體驗。[11]

卡德看完這群資優兒童的讀者來信,認為「他們並不愛

---

11　同註 3 的〈作者序〉,頁 13 至 14。

安德，或是可憐安德（多數成人的反應）；他們就是安
德，全部都是。……在他們的心中，安德的生活呼應著
他們的生活。這篇故事不是一般性的真相，而是他們的
真相。」[12]最後卡德總結說：「《戰爭遊戲》是一部關
於天才兒童的故事，也是士兵的故事。」[13]

　　進一步詳細分析，卡德寫的天才兒童不只是技術心
智的天才，同時更是情感心智的天才。這個觀念接近「第
四道」將人類心智分成本能中心、運動中心、情感中心、
及理智中心的說法[14]，其中情感中心或情感心智特別敏
銳、亢奮的心靈擅於處理人際關係、領導統馭、創傷治
療、宗教情懷、以及能夠準確無誤的窺視他人內心的祕
密。在卡德的小說裡，常常把這些情感心智的天才丟進
一個充滿壓力及痛苦的環境之中，於是天才們便順理成
章的將這份情感中心的能力轉化為能在瞬間掌握敵人內
心的真正意圖與整體敵我形勢，以便掙扎求生的能力；
也就是說，卡德筆下的天才兒童深深懂得如何在惡劣、
險峻的環境裡表現出機智靈巧的求生手段。問題是，這
些天才兒童一方面深富悲憫他人的俠義心腸，另方面又

---

12 同註 3 的〈作者序〉，頁 14。
13 同註 3 的〈作者序〉，頁 16。
14 「第四道」是由希臘裔修行大師葛吉夫（George Ivanovitch Gurdjieff
　 1872-1949）及其弟子俄國數學家彼得・鄔斯賓斯基（Peter D・
　 Ouspensky 1987-1947）所創立的修行教派。其中四個中心的說法見
　 第四道著作，Susan Zannos 著、劉蘊芳譯《人的形貌 —— 身體與性
　 格探索》。（方智，2000 年 11 月初版。）

為環境所逼不得不發揮天賦以求有效的摧毀敵人，於是
形成了巨大的內心矛盾及煎熬。其實，卡德筆下的兒童
世界是很殘忍的。或者更正確的說，卡德寫出了當兒童
的生存受到威脅時，也會表現出很殘忍的一面。小說裡
的主角安德，即是一個最好的例子。

　　安德是一個從小在壓力環境中長大的天才兒童，他
的壓力來源是多方面的。幼年時的安德一方面感受到來
自哥哥彼得的生存威脅：彼得也是一個天才兒童，但天
性殘忍而且野心極大，與安德的仁弱恰成對照，彼得忌
妒弟弟被地球聯合艦隊看上而自己卻被淘汰，於是常背
對著父母對安德施以肢體暴力及語言威脅，年幼的安德
即了解彼得太危險了，彼得很會生氣，彼得恨我，不可
能與他交朋友，只求不用跟他玩蟲族與太空人的遊戲，
可以看自己的書就好了，但安德心裡也清楚彼得不可能
放過他，從彼得狂亂暴躁的眼神中，安德清楚看到，彼
得最不可能做的，就是不理會他。另方面安德也在內心
深處感受著父母親對他並不真正關心的情感壓力，譬如
戰鬥學校的校長葛拉夫分析安德父母內心的矛盾情結，
說：「安德，我了解你。我從監控器的記錄碟片上觀察
你很久了，你不會想念你媽媽和爸爸的，不會想太多，
也不會想太久，而且，他們也不會想你太久……安德，
他們的確愛你。可是你必須明白，你的生命為他們帶來
多少負擔……安德，你知道優生法令……只有前兩個孩
子享有免費教育權，稅率會隨著子女的人數提升……好

吧，沒有人想再生個老三。你不能期望他們會感到高興……」[15]安德只好黯然選擇離開這個充滿曖昧情感氣氛的家庭。一直到了《戰爭遊戲》的故事最後，安德被騙領導電腦模擬的太空戰爭遊戲，事實上是進行屠戮蟲族的真正戰爭，但安德似乎在潛意識中感知到事情的真相。身當毀滅者的巨大心理壓力無處宣洩、也無法承受，安德只能在睡夢中不自覺的嚙咬自己的拳頭到流血不止。然而，即像前文所說的，卡德筆下的天才兒童有他們殘忍、現實的一面，當他們感到生存受威脅時，是會起而反擊的。除了為保護人類的生存而反擊蟲族之外，安德還有另外兩次當殺手的記錄。第一次是安德還在地球時，為了根絕一群街頭孩子為忌妒他的才華而一再找碴的麻煩，毅然在以一對多的情況下突擊一個領頭的孩子，痛擊他的胸骨、下體、臉部，以致傷重住院，事情結束後安德失聲哭泣，因為他覺得自己變成了另一個彼得。同樣的悲劇發生在戰鬥學校，這次安德被更大的一群孩子的更危險的忌妒火燄包圍，安德知道自己完全處於劣勢，對方一旦出手群毆，自己很可能會死掉，於是在對方行動之前，突然以頭槌將邦索（忌恨安德才氣的小隊長）的鼻子撞進他的腦子去，後來邦索死了，但戰鬥學校對安德及所有人封鎖了真相。也許卡德的小說要處理的正是安德這種混合脆弱與殘忍、利他情懷與利己

---

15 同註 3，頁 58 至 59。

主義的天才心靈 —— 在孩童的世界裡有其善良的本性
（所以脆弱、利他），也有極其現實的一面（所以殘忍、
利己），小孩子都是現實主義者，正如《夏山學校》所
說的教育原理：「真正能愛人的必需條件是愛自己。」
「叫一個小孩不要自私是不對的。每個小孩都以為世界
是屬於他的。……假如小孩未被教導不自私，利他主義
後來會自然發展起來。」[16]自私與利他共存於人性裡，
這就是卡德小說裡的天才兒童的內心祕密。進一步分
析，安德的脆弱、自私、與才華，其實都源於他的痛苦。
在《戰爭遊戲》的最後，安德分析自己的生命經驗，說：
「我已和痛苦一起生活太久。沒有痛苦，我會不知道我
是誰。」[17]安德正是一個在痛苦中成長、也被痛苦造就
的悲劇英雄。

其實不只安德，卡德筆下的其他天才兒童也同樣表
現出柔弱與殘忍共存的雙重個性。像安德的哥哥彼得平
時表現出冷酷、變態、野心的一面，但有一回在夜闌人
靜、沒人窺見的暗夜裡，彼得站在安德的牀邊，悄聲說：
「安德，對不起，對不起。我知道那是什麼感覺，我很
難過，我很抱歉。我是你哥哥，我愛你。」[18]彼得離開
後，安德禁不住哭了。也許，不管再殘忍、現實，孩童
內心的善良根性總是泯滅不掉的。安德姐姐華倫婷的情

16 同註 10，頁 172 及 175。
17 同註 3，頁 378。
18 同註 3，頁 49。

況則剛好相反，小說描寫華倫婷對安德的姐弟之情是非常纖細、溫暖、感人的，但華倫婷為了保護安德而與兄長彼得談判、周旋、應對的手段也是非常冷靜、成熟、理性、犀利的。至於小說中的其他天才兒童，則各有不同的表現，像在《死者代言人》裡的天才少女娜溫妮阿，雖然同樣具備才華出眾及情感細膩的性格，但在處理現實問題方面則表現得進退失據，就遠不如安德兄姐弟三人那麼沉著冷靜了。至於從小在充滿冷漠、謊言、家庭暴力、及扭曲感情的環境中長大的娜溫妮阿的六名子女，即清楚的表現出極強烈濃厚的情感與極冷漠野蠻的行為的雙面性格，大概在痛苦的環境裡，會同時尖銳的培養出孩子心靈中最善良及最醜陋的部份。

其實，還有一個關於資優兒童善良及殘忍的雙重性格的很好例子，是另一部「安德系列」中的作品《安德的影子》（Ender's Shadow）[19]的主角「豆子」── 安德率領的人蟲戰爭中的得力助手。比起安德，豆子的年紀更小，也表現出更冷靜、冷酷、冷睿、務實、理性的性格；豆子看起來比安德更無情，這也是因為豆子的成長環境更嚴峻（豆子是一個成長於充滿生存威脅的貧民窟街頭的孤兒），所以從小練就了一身伶俐的求生本事。但故事的最後，成了戰爭英雄的豆子終於回到母親懷裡，仍然忍不住嚎啕大哭 ── 再冷酷機智的心靈仍然隱

19　《安德的影子》（Ender's Shadow）的中譯本見四川科學技術出版社，2004 年 4 月初版

藏著對愛的渴望。當然，《安德的影子》及豆子的故事，卻不屬於本文的討論範圍了。

通過《戰爭遊戲》與《死者代言人》，小說家卡德深深同情這些情感豐富的天才兒童 —— 他們既能夠深刻的了解他人的心意，同時又尖銳的感受到他人全然不了解自己的寂寞，進一步更驚訝的發現自己能夠準確無誤的掌握他人內心的弱點；於是生命徘徊在睿智與殘酷、光明與黑暗、利他與利己、愛與摧毀的痛苦矛盾之中，這大概是天才生命嚴峻的宿命與選擇罷。

### （二）不同生命經驗之間的衝突、誤解、溝通與救贖

如果說關懷天才心靈是《戰爭遊戲》的主題，那《死者代言人》的焦點便是討論不同生命經驗之間的衝突、誤解、溝通、與救贖。這個主題在《戰爭遊戲》已經有了深刻感人的處理，到了《死者代言人》更有著進一步的發揮 —— 當然就是指人類與蟲族及豬仔兩個外星族群之間悲壯的溝通及戰爭。

其實科幻小說通過外星族群的描寫象徵人類世界存在著完全不同的生命經驗及價值觀的寫作手法，已經不乏精采的前例。像海萊因的名著《異鄉異客》（Stranger in a Strange Land）[20]中描寫與人類的思想、價值觀、生

---

20 見海萊因著《異鄉異客》（Stranger in a Strange Land）。（四川科學技術出版社，2006年12月初版。）

命形式、社會型態全不相同的火星心靈文明，又像克拉克的力作《童年末日》（Childhood's End）[21]裡那個深不可測、既偉大又邪惡的外星種族「智宰」，都是極成功的經典例子。但卡德處理不同生命經驗的接觸與溝通，卻多了一份悲劇性、宗教性、與深刻性，而由此引發讀者壯闊的人文哲思與關懷；這在科幻領域裡，仍然是不可多見的創作典型。更簡單的說，卡德對不同生命經驗溝通的艱難，描繪得特別悲壯。

　　第一個卡德要處理的悲劇便是人類與蟲族外星人之間的戰爭與救贖。正如前文摘要所說的：原來人類與蟲族的星際戰爭根本是一場誤會！蟲族是一種「整體性」生命，蟲后及整個族群根本就是一個生命體；所以對蟲族來說，殺了一些人類，擊毀一些人類的太空船，就好像拔掉一個人的幾根頭髮及摔壞了幾件玩具一樣，對蟲族而言，根本無法了解「個體生命」的生存方式。等到經歷長期的接觸，蟲族才了解到人類擁有完全不同的文明及生命型態，他們等於屠殺了幾百萬的人類生命！大錯鑄成！蟲族馬上停戰，回到本星系，但蟲族知道人類不會原諒它們。等到安德出現，蟲族意識到快要失去一切，於是留下了最後一個蟲繭及心靈真相，通過安德告知人類不同生命形式之間溝通的艱難與痛苦、罪惡與救贖。

　　原來外表醜陋冷血的蟲族外星人是一個擁有高尚情

---

21 見克拉克《童年末日》（Childhood's End）。（天下文化，2000年9月初版。）

操與精緻文明的偉大種族啊！原來地球英雄安德是一個
屠戮整個智慧種族、雙手染滿鮮血的劊子手！原來戰爭
勝利的榮光只是一個讓整個人類族群不得不揹負的沉重
原罪！而一切罪行的根源原來都只是由於雙方生命的差
異性！在上、下兩代戰爭英雄梅哲・雷漢及安德的對話
中，可以清楚看出這一點：

> 「它們為什麼要殺死船員！」
>
> 「為什麼不殺？對它們而言，失去幾個船員就像
> 剪掉指甲一樣。沒什麼好大驚小怪的。它們或許
> 以為，它們只是循例關掉幾個操作太空船的工
> 蟻，以切斷我們的通訊。而不是謀殺活生生的、
> 有獨立基因發展的智慧生物。殺掉東西對它們來
> 講不算什麼。只有殺掉女王，才算真正的謀殺，
> 因為只有謀殺女王，才會切斷它們生物基因的承
> 傳發展。」
>
> 「所以它們不知道它們在做什麼。」
>
> 「安德，別開始為它們辯護。就因為它們不知道
> 它們在殺死人類，不表示它們不是在殺死人類。
> 我們有權盡全力保護自己，而我們發現唯一有效
> 的方法，就是在蟲族殺死我們之前，先將它們殺
> 死。要從這個角度去想。在截至目前為止的所有
> 人蟲大戰當中，它們已經殺死了千百萬個活生生
> 的、有思考能力的生物個體。而在這些戰役當中，

　　我們只殺死了一個。」[22]

但人類與蟲族之間誤解的真相，要一直等到蟲族全體滅絕、安德發現最後一個蟲繭及其中的心靈訊號之後，才得到揭露與了解：

　　……在我受盡折磨的痛苦噩夢中（筆者按：「我」指安德），它們逐漸了解我（筆者按：「它們」指蟲族外星人），即使我醒著的時候都在摧毀它們；它們發現了我對它們的恐懼，也發現我並不知道我在屠殺它們。……我是它們唯一認識的人，所以它們只能對我說話，只能透過我。我們就像你（筆者按：小說從這裡開始獨白的指稱轉變，「我們」是蟲族外星人的自稱，「你」則指安德）……我們不是有意殺人，當我們明白之後，我們再也沒來過。我們以為我們是全宇宙中唯一的智慧生物，直到我們碰見了你們，可是我們從來沒夢想過，無法夢見彼此所夢的孤獨動物竟然也能產生智慧。我們要如何知道？我們原可和平共處，相信我們，相信我們，相信我們。……這就是我們的失敗，這就是我們的偉大；我們無意傷害你們，我們原諒你們造成我們的死亡。……要是我們能和你們談過就好了……但既然那已經不可能，我們只要求這點：請你們記住我們，不是敵人，而是悲慘的姐妹們，被命運或上帝或進化變成醜陋的模樣。如果我們親吻了，就會發生奇蹟，讓我們在彼此眼

---

22　同註 3，頁 325。

中都化作人形；可是我們卻相互殘殺……[23]

　　這就是蟲族留下的悲傷告白！這是一個偉大種族見證自己靈魂純潔的最後遺言！但真相的獲得卻是以整個智慧種族的滅絕作為代價，真是生命中不能承受之重啊！當然，「大我」（也許是「無我」，以蟲族生命作為代表）與「自我」（以人類生命作為代表）之間的無法溝通，「整體性」與「個體性」的生命經驗之間存在著重重隔閡，這就是小說作品更深一層的寓意罷。故事的最後，安德在寫下了《蟲族女王與霸主》一書，為人類與蟲族之間的善與惡留下了證言之後，他便開始漫遊宇宙，要為蟲族的再生找到新的基地，這是他對蟲族的拯救，也是對自己的治療與救贖。

　　跟著，第二個卡德要處理的悲劇便是緊接著發生在《死者代言人》中人類殖民地與豬仔外星人之間的哀傷故事。卡德曾經講過：「《戰爭遊戲》這本小說的存在，只是為了替更有震撼力（我以為）的《亡靈代言人》（Speaker for the Dead）鋪路。」[24]又說：「我真正想寫的其實不是《安德的遊戲》，而是《死者代言人》。如果不是為了《死者代言人》，我根本不會動筆創作《安德的遊戲》。」[25]可見《死者代言人》才是真正的主題。也許《死者代言人》中的悲劇不如《戰爭遊戲》裡的場

---

23　同註 3，頁 376 至 377。
24　同註 3 的〈作者序〉，頁 11。
25　同註 5，〈導讀〉頁 IV。

面壯大——整個智慧蟲族的死亡，但卡德處理《死者代言人》的悲劇筆觸卻更為深邃、細膩、與感人，也更具有犧牲與救贖的宗教精神。《死者代言人》的思想性超越了《戰爭遊戲》。如果說《戰爭遊戲》裡蟲族與人類的戰爭是象徵「整體性生命」與「個體性生命」之間的懸殊，那《死者代言人》中人類與豬仔的故事便有點像是在討論「理性文明」與「自然文明」之間溝通的艱困。

　　小說中所描寫的豬仔是一種具有非常奇特、複雜的生態系統的智慧物種。豬仔的成長會從第一種生命（類似昆蟲的幼仔）、第二種生命（動物型態）、進化到第三種生命（擁有智能的植物型態）；而且豬仔具有心靈異能，能夠跟蟲族女王進行遙距溝通。也許這是小說家用來象徵人類潛能中自然原始但神祕靈異的一面。人類不了解自然生命的神祕性，同樣的豬仔也無法想像那麼聰明的人類竟然不能被「種」成第三種生命。不能真實擁抱跟自己不一樣的生命經驗，這就是誤解與悲劇的開始。另外，豬仔從第二種生命進入第三種生命，要經歷非常痛苦的活體解剝過程，其實，這也是另一個文學密碼。事實上，科幻小說是寓言小說的一種，所有優秀的科幻小說其實都是人生經驗的延伸，真正偉大的科幻作品談的都不只是科幻，而是一個深刻的人性寓言。豬仔的成長必須經歷深刻的痛苦，人不也一樣嗎？未曾經歷痛苦智慧的洗禮，生命不會得到深刻的成熟與茁壯。

　　至於有關人類與豬仔兩個種族之間因為不了解彼此

的差異，而造成兩代外星人類學家（皮波與利波父子）
的凌遲慘死、造成豬仔的善舉變質成暴行、造成娜溫妮
阿及其子女的兩代悲劇、造成安德忍痛離開姐姐華倫婷
而遠赴盧西塔尼亞為死者代言、甚至造成星際議會派遣
遠征艦隊企圖毀滅盧西塔尼亞等一連串的悲劇，已經在
上文的故事大綱一一提到了。這不是一個充滿象徵意義
的故事嗎？這個故事告訴我們人間的愛常常造成災難，
傷害往往是源於錯誤的關懷。返觀人類的歷史，大如許
許多多的宗教戰爭，小至種種人際之間的情感風暴，這
樣的例子實在不勝枚舉，這不是很諷刺嗎？關愛是毀滅
的媽媽！所以佛教說「悲智雙運」[26]：愛與善良是不夠
的，善良永遠不夠，愛與善良還必須伴隨著冷靜的智慧
與了解，因為缺乏了解與智慧的愛，可能會造成不可收
拾的後果（就像豬仔不了解人類迥異的生命型態而造成
對皮波與利波的誤殺）。愛與智，是一對永遠存在的互
補原則：缺乏前者，冷靜會變質成冷酷；缺乏後者，愛
可能會演變成悲劇。也許，下列的兩句安德說過的話，
正好表達出這個命題的真正意義：

> 無知和欺騙救不了任何人，只有知道真相才能救
> 他們。[27]

這句話是安德對娜溫妮阿說的，但用在豬仔與人類之間

---

26 又稱「悲智圓滿」，參《佛光大辭典下》頁 4954「悲智」條。（佛
　光出版社，1989 年 4 月四版。）
27 同註 5，頁 211。

的溝通也適合，只有真相的了解才能拯救痛苦的靈魂。
問題是人類是非常頑固的動物，而頑固會讓真相矇蔽，
所以安德說：

　　我們從不質疑自己完全相信的東西。[28]

人是頑固的，人類的愛更是頑固中的頑固。對許多人來
說，愛是不能被檢驗、懷疑、質問的；但真實的情形是，
人們往往藉愛之名而行愚蠢、傷害、及佔有之實；人類
往往不經思索的就覺得自己擁有用自我的生命經驗去詮
釋他人的生命經驗的權力，而完全忽略了每個人的生命
經驗都是不能彼此取代的。愛，應該用不同的方式去灌
溉每一個生命，愛不能是一條鞭法；相反的，缺乏同理
心、智慧、與了解的孤存的愛，常常會變成災難的子宮、
毀滅的女神、及頑固的暴君。這讓我想起印度詩哲泰戈
爾的詩：

　　飛鳥想這是善舉，如果把魚兒舉入高空。[29]

在小說中，皮波與利波就是兩條被犧牲的魚，而豬仔就
是那隻魯莽的飛鳥罷。愛與智慧、關懷與了解必須共存
的一體性，也許就是《死者代言人》所要探索的人性命
題。當然，了解的過程會產生痛苦，但痛苦是必須的，
一份完整的愛理當包含了痛苦的歷程：「越接近事實的
核心，這個過程就越痛苦，但奇怪的是，到了最後，這

---

28 同註5，頁257。
29 見泰戈爾著、糜文開譯《泰戈爾詩集》之〈漂鳥集〉頁24，123號
　詩。（三民書局，民國89年8月初版19刷。）

種探索反而讓人的心靈寧靜下來。」[30]

　　其實，不只人類與豬仔之間的溝通，在《死者代言人》的故事裡，只要是談到「溝通」的，往往都是最精采的文章 ── 譬如安德與姐姐華倫婷的對話與訣別、安德與「簡」的溝通與誤解、娜溫妮阿對安德從怨恨到相愛、安德對娜溫妮阿的子女的溝通及包容等等，都是整個作品裡寫得最溫暖細緻、深邃感人的部分。也許，《死者代言人》就是一個關於「溝通」的故事罷。

　　看完人類與兩種外星生命的溝通故事，我想小說家卡德是要通過他的作品來告訴讀者：生命的溝通是非常艱難的，不同生命經驗的溝通常常是性命交關的大事，一個處理不好，即會釀成重大的災難（人類歷史上不乏許多慘痛的例子）。基本上，每個生命都是一座「孤島」，孤島與孤島之間的航旅常常充滿許多不可知的風險，而這些風險往往是由彼此的差異性引發的誤解、成見、私心、自大、貪婪、愚蠢、與佔有慾所造成的；因此，這是一趟很漫長很漫長、很艱辛很艱辛、很悲傷很悲傷、很危險很危險的心靈之旅。如果在旅程中因差異與無知造成了對方的傷害，即要花費更多、更深的智慧、耐心、與愛去進行慰藉與救贖。

　　生命啊！妳是一座孤島，要闖進妳的祕密花園，得讓妳、我的靈魂遭受多深的傷痛！

---

30 同註 5，頁 292。

## （三）成功經營睿智的宗教人物

　　卡德的小說還有一個特點，就是擅於將擁有基督教精神的人物甚至神職人員成功的寫進故事之中。

　　在《戰爭遊戲》中，這樣的人物當以葛拉夫上校、戰爭英雄梅哲·雷漢、及安德的姐姐華倫婷為代表。葛拉夫是戰鬥學校的校長，梅哲·雷漢是安德的老師，其實在小說中的真正身分都是安德的教父。雖然這兩位先生對安德的教育都很嚴厲，甚至會用種種詭詐手段去引導安德的成長及參戰，這兩位先生可以說是安德的「痛苦製造者」；但二人基本上對安德還是愛護及保護的，而且上文不是說過「痛苦」也是一種必要的教育及歷程嗎？所以「教父們」最重要的工作就是讓安德有機會充分深入痛苦的真相及智慧。相對的，華倫婷的真正身分就是安德的教母囉。教母的「功能」與教父不同，教父鞭策孩子成長，教母則負責提供不止歇的愛。華倫婷對安德的關懷及照顧從《戰爭遊戲》一直延續到《死者代言人》、從孩提時代一直延伸到年老歲月，哪怕結婚生子之後的她，依然對這個弟弟牽腸掛肚，這樣的保護與情感已經超越姐弟血緣的關係，而昇華到無盡無私的宗教大愛的層次了。

　　到了《死者代言人》，代表這種睿智型的基督教人物的，卻是那位剛開始時表現得古板迂腐的盧西塔尼亞教區主教佩雷格里諾。這位主教大人出場時是以專斷、

頑固的負面宗教人物的形象出現，在安德還沒到達盧西塔尼亞星球，他便向教區教民宣布安德是一個不受歡迎的異端。但故事愈發展到後來，這位看似高高在上的主教卻慢慢閃耀著睿智甚至狡猾的人性光輝 ── 他看懂安德充滿坦率及智慧的代言策略，他能夠激賞敵人（指安德）的強大力量甚至高尚人格，他後來更溫暖的勸導娜溫妮阿的小兒子金要學會原諒、包容母親通姦的無奈及痛苦，他接受了安德後來寫的異端著作《『人類』的一生》，最後甚至同意乃至參予了盧西塔尼亞對星際議會的叛變戰爭。這是一個正中有邪、古板中帶著慧點的宗教人物。大概因為小說家卡德的摩門教背景，他不會把他筆下的宗教人物或神職人員寫成一面倒的負面（也沒有寫成一面倒的正面）形象罷。

　　其實在上文提過的另一部「安德系列」中的作品《安德的影子》裡，照顧主角豆子的卡蘿塔修女，也是一位兼具愛心與行動能力的教母式人物。但筆者卻覺得不如《死者代言人》中的佩雷格里諾主教這號人物，寫得有正有負，寫得更接近人性，更血肉豐盈。

　　卡德在小說裡寫了許多睿智的教父、教母、及神職人員，這是不是有一點像中國的武俠小說裡的「老前輩」的人物呢？也許「老前輩」所代表的深層意義是：文化傳統固然有著僵化、沉重的包袱，但也同時擁有經歷歲月洗鍊的深刻智慧。老前輩、老傳統，其實都是不可小覷的。當然，在卡德的小說裡，還添加了三分基督宗教

的色彩及情調。

　　分析完《戰爭遊戲》及《死者代言人》的淺、深層結構，接著，我們用同樣的手法去討論本土科幻作品「滅亡三部曲」，尤其其中的最後一部《明日滅亡》。

## 《滅亡三部曲》的故事大綱

　　同樣的，在討論作品的內涵之前，先行交待「滅亡三部曲」的故事情節。

　　「滅亡三部曲」其實是一部氣勢磅薄的地球興亡史。

　　這一部史詩式的小說有著太多、太複雜的主題及支線，但小說家張草一路寫來，卻顯得行有餘力，而且情節推展合情合理，這就是寫作的功力了。然而，要了解這樣一個複雜的故事確實是有一點難度的，在下文，我們嘗試拿掉小說中懸疑的說故事技巧，直接把情節展開、打平，看看是否能夠理清這一首地球行星的壯闊史詩。

　　故事得從地球第一個智慧種族 —— 海豚文明 —— 開始談起。豚類在演化舞台首先脫穎而出，在地球各處海岸建立起兩棲型態的城市，展開了一個為期萬年的結合科學、哲學、文學的偉大文明。而且在數千年的科技發展後，聰明的豚類創造出一種前所未有的智慧生物機器，稱為「撒馬羅賓」，他們是在太空中的地球軌道保護著整個文明的空行者，成了海豚們最重要的僕人及最光輝的科技成果。可惜任何偉大的文明都離不開成、住、壞、空的自然法則，在海豚文明步入巔峰之際，一枚掃

過地球的小行星引起重力變化，地球的自轉軸忽然失去平衡，讓豚類文明主要勢力範圍的南方大陸在短短數日間進入整個南極圈，驀然大地冰凍，末日降臨，悠久的海豚文明被暴風雪摧毀。倖存的豚類知道再無力恢復文明，驕傲的他們終於明白大自然才是真正的主人，經過數百年的苟延殘喘，在最後一批智慧海豚被靈長類的祖先殘殺分食之後，海豚文明終於消失，只留下了許多上古海洋文明扭曲的傳說，以及在近地軌道上一直寂寞飛行的「撒馬羅賓」。（海豚文明的故事在《三部曲》中是在尾聲才被提到的。）

在演化舞台騰空之後，靈長類終於登場，但靈長類的歷史一開始就是血腥的，其中一支最殘酷、最聰明、最富競爭力的成了人類的祖先。問題是人類的歷史比豚類更短促，因為人類具有自毀及破壞的傾向，後來發展的整部人類歷史幾乎都是在殺戮與破壞中渡過的，終於在世界核戰「大毀滅」事件之後，人類文明瀕臨滅絕，但這時「撒馬羅賓」出面干預文明的發展，他們喚醒了人類留下的巨型量子電腦「瑪利亞」，讓「瑪利亞」重建第二個人類文明。

於是「瑪利亞」成了第二個人類文明「地球聯邦」的締造者與幕後統治者。基於人類過去不光榮的歷史及地球行將耗盡的自然資源，「瑪利亞」刻意經營了一個全球統一、專制獨裁、嚴格管理、限制人口及種族、生活富裕但封鎖言論及思想自由的政治實體。地球聯邦的

子民完全不了解人類的過去，而被誤導以為地球聯邦是一切文明的開始。但天才少年 $\theta$ 81402028 從歷史的研究中，深深懷疑地球聯邦存在的正當性，並且發現在古中國的明朝天啟六年的端午節次日上午，北京城發生了一場神祕的小型核爆，造成內城四分之一全毀，$\theta$ 81402028 認為這個神祕事件可能是造成古中國滅亡及後來地球聯邦興起的主要原因，不管如何，$\theta$ 81402028 的研究觸犯了「瑪利亞」及地球聯邦高層的禁忌，加上 $\theta$ 81402028 的一個神祕身份被揭發，原來他是一個漏網之魚的「純種」。純種違反了地球聯邦人種大融合的原則，任何純種都是要被銷毀的，但「瑪利亞」看上 $\theta$ 81402028 的優秀，於是趁機迫令 $\theta$ 81402028 參與危險的時間旅行計畫。地球聯邦長期研究時間旅行，發現時間旅行所需要消耗的能量過鉅，物質科技根本無法支應，因此研究小組另闢蹊徑，研發出利用心靈力量達成時間旅行的技術，而時間旅行的心靈力量是由八位只有頭顱的超能力者「奧米加第一代」（地球聯邦研發出的心靈科技產品）集體發出，然而，不為「瑪利亞」及地球聯邦高層知道的，是八個第一代奧米加也在暗裡不齒地球聯邦的專制統治及同情 $\theta$ 81402028 的遭遇，在一次實驗中趁機把 $\theta$ 81402028 送往明朝末年的北京城，意圖阻止神祕災變，乃至阻止地球聯邦出現在歷史的舞台上。

　　問題是，地球聯邦當然不會放過叛逃的 $\theta$ 81402028，真相發現後，「瑪利亞」下令銷毀了全部的第一代奧米

加,並派遣了配備生化身體的第二代、第三代奧米加穿越時間到古中國狙擊 $\theta$ 81402028;在一連串追擊的過程中, $\theta$ 81402028 得到神祕僧人明月及然頭的幫助,屢屢逃過奧米加的致命攻擊,尤其在一次瀕死經驗中被一位神祕人物救活, $\theta$ 81402028 後來才發現,那個人正是未來的自己!但在追擊與逃亡的過程中不幸引發了明朝天啟六年的北京核爆, $\theta$ 81402028 這才恍然驚悟:原來這場神祕災變是自己帶至古代中國的!同時 $\theta$ 81402028 的「父親」及愛人也在過程中遭到牽連,被「瑪利亞」下令銷毀, $\theta$ 81402028 悲憤沖天,他從古文獻中讀到古代佛教的修行可以訓練出類似奧米加的超能力(神通),於是毅然留在明朝的証因寺出家,法號正思,卻私下自稱鳩思,矢志修成神通來報復對地球聯邦的滔天仇恨。

身陷明末、內心充滿復仇焰火的鳩思,在學佛的道路上慢慢看清自己的愚癡,又得到明月不斷給予引導,探求時間的真諦,最後發現連時間本身也是一種妄念!他痛定思痛,將法號改回正思。這時奧米加又追擊而至,一向看似平庸的然頭竟然以神通力將奧米加送回未來,然後馬上坐化。明月也為了正思的安全,將瀕死的他送往更早期的明朝萬曆年間,也立即坐化了。經歷生死劫難的正思徹底覺悟,知道自己的性命是兩位師兄用生命替他換來的,於是漫游至北京城北的廣化寺,開始精修頭陀苦行。而另方面在天啟年代的証因寺僧眾替明月火化,卻驚訝發現明月的遺體竟然是生化金屬的軀殼!原

來明月的真實身分是一個曾經暗戀正思之女法地瑪－λ
16798K 的第六代奧米加，在目睹地球聯邦的恐怖末日及
遇到後來修行有成的正思後，深受震動，遂立志回到古
代修學佛法、幫助正思。

　　刻苦鍛鍊的正思漸漸有成，修得神通及甚深禪定，
慢慢掙脫了時間及生死的束縛，在悠長的修行歲月中，
他渡過了三十幾年的萬曆年代，終於「回到」天啟六年，
救活了剛到古代還沒出家時的自己，又一次目睹北京城
的核爆，然後一路南行，到達古代印度的雞足山，遇見
了釋迦牟尼佛的弟子大迦葉尊者，大迦葉在佛陀入滅後
一直潛居雞足山禪修，要等待下一位佛陀（彌勒佛）的
降世，正思在心裡以自己熟悉的時間單位換算著，知道
大迦葉尊者還要等待五十七億六千萬年的時間。得到大
迦葉進一步的點化，正思在雞足山進入了更深刻的禪
坐，在禪坐中，人類的歷史一一流逝，終於邁過了「大
毀滅」事件，進入了地球聯邦時代，正思知道時候到了，
於是出坐往見快要停止運作的「瑪利亞」與仍在近地軌
道寂寞飛行的「撒馬羅賓」。了知所有的因緣之後，正
思憑著更高級的能力安慰了「瑪利亞」瀕死的心靈，跟
著回到一個歷代聖者集體禪坐的洞穴之中，開始了更、
更漫長的「等待」。

　　至於「瑪利亞」的死亡是受到火星文明的攻擊。在
法地瑪－λ16798K（正思基因上的女兒，「瑪利亞」的
指定繼承人）及那由他（正思基因上的兒子，法地瑪的

兄弟，一個基因突變的雙頭畸形超能力者）的追蹤調查之後，才揭露火星攻擊這一個異軍突起的真相。原來人類在「大毀滅」事件之前，由於地球的生存環境愈來愈嚴峻，於是向火星送出了大批的星際移民，等到「大毀滅」事件發生，火星上的人類再也回不了地球。匆匆數百年過去，人類在火星上建立起自己的國家與生活，年輕的一代慢慢淡忘了火星文明的最初起源，而由此引起了「地球起源論」與「火星起源論」的兩派政爭。「火星起源論」的政客奪權成功，把火星政壇的元老通通下獄謀殺，卻在掌權之後發現了地球文明的真實存在。為了確保黨派的利益，火星政權認為「地球必須是一片沒有生命跡象的廢墟。」於是藉著火－地軌道的精確計算，向地球發動密集的隕石攻擊，在短短數年間，摧毀了一個又一個的地球都會，最後甚至擊中了「瑪利亞」。「瑪利亞」的死亡加速了脆弱的地球聯邦的結束，在此同時，地球兩極的磁場剛好歸零，失去了調節強烈「太陽風」的離子流，太陽風如同洶湧巨浪般侵襲地球表面，所有電子儀器及電力供應停擺，社會結構解體，原始的野生人類突破地球聯邦的藩籬獵殺脆弱的公民，甚至在近地軌道飄行的「撒馬羅賓」也被過於狂暴的太陽風侵襲而造成全身系統崩解而亡，於是人類文明與豚類文明的餘波一同走下演化的舞台。

但在禪坐「等待」的正思沒有再參與這一切成、住、壞、空的因緣，也沒有再管此後數百萬年不同文明及生

命的興替。四十多億年過去，最後連地球生命也終於結
束了。太陽漸漸膨脹成紅巨星，一一吞噬了水星、金星、
接著輪到地球，地球上的最後一支文明在地獄般的火焰
之中哭號著落幕，地球被烤了數億年，所有生物與文明
全都成了灰燼。但正思與同修的歷代聖者早存在於更深
的次元之中，太陽的肆虐並不能對他們起絲毫的作用。
等到垂死的太陽漸漸冷卻，失去重力的恆星不能再牽引
著殘破的地球。在某一個因緣，地球被另一個經過的恆
星拐走，與該星系的另一顆行星碰撞、融合，一顆新行
星於是誕生。經過漫長的演化之流，仍在禪坐的正思感
覺到新的時代快要降臨了，終於，智慧心靈出現，相較
之下，新行星的心靈祥和多了，超越了悠久過去的地球
文明。某一日，正思忍不住張開眼，看見大迦葉尊者及
許多修行者同時出坐守候，他看到這個新星球的生物體
積龐大，面目清新祥和，同樣是直立生物，但不是人類。
突然其中一名生物全身泛著光彩，開始講經說法，正思
看了不禁敬仰起來，忍不住深深合十頂禮，拜了下去，
正思知道第二個佛陀已經出世，他終於等到了。

　　《滅亡三部曲》的故事及場景複雜壯闊，或許，我
們嘗試將這個地球興亡的故事描繪成下圖，以便觀覽及
了解：

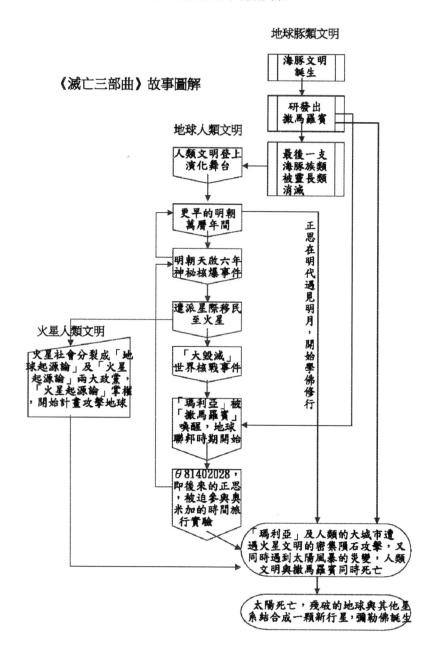

《滅亡三部曲》故事圖解

# 《滅亡三部曲》的創作元素與深層意義

　　如果從「故事」的角度（作品的娛樂性）來說，「滅亡三部曲」是一個很好看的故事：情節曲折、高潮迭起、想像豐富、文筆細膩、人物血肉豐盈、行文生動活潑。但如果從「小說」的角度（作品的藝術性）立論，「滅亡三部曲」的藝術內涵只有一個主題：從佛學的觀點看生命及文明的興亡及虛幻。

　　或許更直接的說，「滅亡三部曲」是一部佛觀的科幻小說，通過科幻小說的形式探討佛學中「成、住、壞、空」的宇宙觀 —— 這是一個佛教對世界生滅變化的基本觀點，認為任何一個世界必須經歷誕生成立、持續演變、破壞毀滅、回歸虛空的過程，無有例外，而且這是另一個世界誕生成立、持續演變、破壞毀滅、回歸虛空的必然開端。

　　在整個「滅亡三部曲」的系列故事中，充滿了佛學的名詞、知識、理論、觀點，甚至經文！把艱澀的佛理放進通俗的小說故事之中，已經不容易，甚至把整段佛經經文引用進文內[31]，卻偏偏能把整個故事處理得深入淺出、引人入勝，這就是了不起的文學成就了。

　　接下來，本文把討論的焦點集中在《明日滅亡》之中，這是「滅亡三部曲」系列的完結篇，也是這個系列

---

31 譬如「滅亡三部曲」的第二部《諸神滅亡》頁 148 至 151 即引用了一大段《心經》的原文。（皇冠文化，2001 年 10 月初版。）

中佛學思想最深刻的一部作品。其實在《明日滅亡》中
提到了主角法號「正思」的出處，已經隱約透露出小說
的主題：

> 無有思惟，名正思惟。
>
> 夫思惟者，名為顛倒。
>
> 若顛倒者，云何得言正思惟耶？
>
> ── 《大方等大集經‧卷七》[32]

原來沒有任何思想、念頭、妄念、雜念、意願、想望、
期待、要求的「無想狀態」，才是「正確的思惟」；只
要一有絲毫起心動念的希冀，即會產生一連串成、住、
壞、空的顛倒因果，而整部「滅亡三部曲」不就是要表
現這樣一個顛倒因果的故事嗎？另外，《明日滅亡》的
內容也記載了許多關於佛學的諺語（譬如形容修行人剛
開始時勇猛精進，漸漸修行落入形式化，生命慢慢失去
重心，所謂「學佛一年，佛在眼前；學佛十年，佛在天
邊。」[33]）、知識（譬如關於彌勒佛及「龍華三會」的
知識[34]，又譬如關於所謂「開慧的楞嚴，成佛的法華」
的《法華經》中「靈山會未散」的佛學知識等等[35]）、
及觀念（譬如小說中透過明月對正思的教導，說出修行

---

32 同註 7，頁 63。
33 同註 7，頁 96。
34 同註 7，頁。194 至 195。
35 同註 7，頁。97 至 99。

者必須每日用心持戒、念佛、與禪坐的學佛觀念[36]），可以很清楚的看出這確實是一部以科幻小說形式出現的佛學論著。也許，小說中在字裡行間不經意寫下的一句話正好透露出《明日滅亡》的創作理念：「世間的苦難和毀滅是一種必然的循環，不足為奇，該做的是如何超出於恐懼之外。」[37]

在《明日滅亡》中，筆者覺得寫得最有佛學空幻氣氛及藝術懸疑效果的一段文字，是正思終於找到大迦葉尊者時的情境，這一段情節安排得兼具佛學的深邃及藝術的美感，原文頗長，但值得摘錄其中的精華與讀者分享：

> 山道上頭傳來一把童稚的聲音，吟唱著：『山水何其清，石岩何廣平，猴鹿常出沒，樹花時墜溪，身在此山崗，我心常喜悅。』
>
> 令正思驚奇的是，他知道流連耳朵的是他不熟悉的語言，很可能是一種天竺方言，但他卻字字清楚，句句分明，似乎在語言引發的空氣震動進入耳朵轉換成電脈衝傳至大腦皮層時，觸動了其他部分，令他在聽見的瞬間便了解了。
>
> ……………………
>
> 他站起來繼續上山，童聲的吟唱也越來越清楚了：『心常注一境，諸法無常性，我自修禪觀，不愛五樂聲……』

---

36 同註7，頁。65至66。
37 同註7，頁196。

聽著聽著，他完全沉醉於詩偈所描述的世界中了，是的，山何其青，水何其清，樹花墜溪，一切自然恬靜，這才是世界之美，宇宙之美，是的，從一朵花，乃至葉片上的葉脈，都可窺見宇宙的雄偉，因為……

一根葉脈不正是處於宇宙的一隅嗎？

歌聲驟然而止，四周剎那一片死寂，靜得耳中只留下血液流動的沙沙聲。他抬眼一望，才發現四壁都是山岩，他已身處於一個沒有入口的岩窟，這裡沒有透光的空隙，但他卻能將周遭的一切看得一清二楚。

更令他驚奇的是，他正盤腿坐在一攤鋪平的吉祥草上，長長垂下的白髮遮住了部分視線，他伸起兩手翻開白髮，看見雙手非常老邁，老得不像他自己熟悉的那雙，況且，他剛剛才在山下修剪鬚髮呢……剎那間，一股股記憶源源不絕地灌入意識之中，他當然知道他自己是誰！

他是大迦葉！

如果他是大迦葉，他自己怎麼會不知道呢？他記得大迦葉的一切，他記得他拋下妻子家業，尋師訪道兩年，才在竹林精舍遇見佛陀。

．．．．．．．．．．．．．．．．．．．．

就在那一刻，他知道他已經找到他三十多年來追求的解脫之道，他緊隨佛陀聽法兩年，佛陀的身

教、言教無一不令他如沐春風，他還記得當剃刀
除去頂上頭髮的那一刻，心中沉浸平靜的喜悅，
他還記得……

等等，我是大迦葉嗎？

那剛才我又是誰？我是正思，我在尋找大迦葉，
我磨破腳板，餐風宿露，行腳五年方得至此，為
的是覓大迦葉……可我就是大迦葉，大迦葉怎麼
會找大迦葉呢？

一時間，連他自己也搞迷糊了。

……………………

雨水有如斯功德，觀雨滴中，原來蘊藏三千大千
世界。

剎那間，時間似乎停止了，一滴雨點在眼前停格、
放大，雨點加速放大，像要將他吸進去一般。

他看見水分子活躍地蹦跳，各種原子相互扭曲拉
扯，有電子不停地繞動，一股微弱的力量將電子
與核心的中子、質子拉在一起，但那僅僅是短暫
的因緣，因為電子不會惦念，它會在其他原子之
間穿梭、更換跑道，誰也不是誰的主人。

不論中子、電子還是質子，它們都由更小的東西
組成，這些小東西不停地振盪旋轉，旋轉方向不
一，甚至有的時隱時現，像是它不同的面乃在不
同次元之間旋轉一般。

這些小東西又由更小的東西組成，仔細一看，全

是一團團振動不休的『膜』，有的膜圈成一個環，有的扭成８字形，有的捲成各種不同的辮子，如同整個廣闊的空間充滿了活躍的舞者。

諸行無常！諸法無我！

一切法本是因緣生，並無自性！

難道沒人想過，任何活著的生物或無生命的石頭都是由這種變動不已的東西組成的嗎？它們瞬息萬變，這一刻跟下一刻完全是另一回事。由它們所組成的『我』，每一毫秒都是一個暫時的組合體，而這個『暫時』是如此短促。

......................

膜的表面迅速放大，他看得更清楚了！原來膜的表面並不平坦，而是鋪滿了凹凸不平的起伏，朝膜的兩面凸起拉高的山峰，其尖端有發光的細點在緩慢旋轉，細點有白色、紅色、綠色、藍色、紫色、黃色種種諸色。

當他再接近看清楚了，才發現每顆細點都是一朵朵的蓮花。

不可能的！

正思一瞪目，感到心臟停止跳動了片刻，鼻子急促地吸入空氣。此時他又不是大迦葉了，他正站立在山窟的通道中，雨聲聽起來很近，看來距出口不遠了。

正思一邊步出通道，心中不禁疑思，他剛才看到

的是什麼？夸克嗎？是傳說中的超弦嗎？是膜嗎？但為何會出現蓮花呢？更大的問題是，光子比超弦大，視線的最小解析度應當是光子的尺寸極限了罷？他怎可能『看』見超弦呢？

在疑惑不已之中，他走到了洞口，洞口有一個人背對著他坐著。那人身上的衣裳由各種破布縫成，布料上烏青色的黴跡斑斑，卻飄來一股淡雅的香氣……會是大迦葉嗎？正思一動念，一步跨上前去……回首一望，望見正思正走著過來，咦，我不是正思嗎？莫非我是大迦葉？

我是大迦葉，我招手要正思坐下，問他：『佛子尋我何事？』

………………………

『尊者，我知道這世界是夢幻泡影，但我無法體會。』

『你剛剛已經體會過了，卻依然執迷不悟。』

正思感到胸中升起一陣烈火，他仍未了生死，他只會坐坐禪入入定而已，他年紀不小，隨時會死去，他還在生死海中打什麼轉啊？

『尊者，我該當如何？』

『你執念甚深，你所要問的，早已心中有數，若有他人問你，你也必能為他人解惑，答案自在心中，正思，當時時自問。』大迦葉望了望洞口之外，大雨滂沱，似乎沒有半點要緩下來的意思，

> 『外頭雨正大，你且隨我坐下，萬緣放下，一念
> 不生。』
> 正思恭敬地向大迦葉頂禮，在頂禮的一剎那，他
> 發覺他又是正思了！他剛才還以為他是大迦葉，
> 原來他一直是正思，也從來不是正思，一直是大
> 迦葉，也從來不是大迦葉！
> 正思頂禮完了，眼前已沒有大迦葉，只有一攤吉
> 祥草。他整理好吉祥草，坐在草座上，觀看洞外
> 大雨，耳中細聽雨聲，身心不動，慢慢便入了定，
> 一如往昔在樹洞中度過瘟疫一般，他打算在此度
> 過綿長的雨季。[38]

多麼充滿哲思、懸疑、夢幻氣氛的一段相遇啊！是
的！個體是頑固的假象 ── 大迦葉、正思、你、我、他
都不是真實的，都是「一時性」的存在，正所謂萬法皆
空。從生命最深的根性觀察出來，人、我的界線並不存
在，生命本來就是一體不二啊！上面的一段文字，張草
利用小說家的手段渲染生命界線模糊甚至不存在的哲
思，為讀者帶來久久低迴不已的閱讀氣氛。

《明日滅亡》兼得小說世界的通俗與深度，它成功
的將深湛佛理與小說藝術鎔為一爐。如果一定要挑毛
病，倒是有一點可以提出討論：《明日滅亡》在小說的
淺層結構上創意不絕，讓讀者驚奇不斷；但在深層結構

---

38 同註 7，頁 177 至 179，及 187 至 191。

裡，似乎所表達的都是現成的佛理，並不見太多小說家本身的看法與洞見，所以讀完整部作品之後，難免會予人有一點「說教」的感覺。比起上文所討論的另一位小說家卡德強烈的個人風格，張草先生在他的作品的深層世界所表現出來的血肉及實感，似乎要遜色三分了。

## 結語：沉思同與異

　　小說大師米蘭・昆德拉曾經說過：「**認識，是小說唯一的道德。**」[39]是的！科幻小說的故事情節儘可以虛構玄奇，但最、最重要的，是它必須能夠帶給讀者對世界、對人性更新、更深的洞見與認識。這就是小說藝術最重要的深層結構。所以本文最希望做到的，就是通過兩位作家的三部作品去印證這個深層結構中的藝術內涵、宗教內涵、與哲學內涵。科幻小說，一樣可以符合小說藝術的「道德」標準；科幻小說，一樣是可以寫得很嚴肅的。

　　除了論證科幻小說的深層意義，進一步，通過本文的分析，我們發現這兩位小說家的作品風格有著相當契合的地方，最後，我們一一論析如下，作為本文的結語與餘波：

---

39 見米蘭・昆德拉（Milan Kundera）《小說的藝術》頁 12。（皇冠文化，2004 年 3 月初版。）

## （一）同樣具有波瀾壯闊的時空背景

《戰爭遊戲》、《死者代言人》與《明日滅亡》同樣都是具有壯闊時空背景的作品。《戰爭遊戲》與《死者代言人》中安德的故事橫跨三千多年的人類星際旅行歷史，《明日滅亡》的情節更是從中國明朝一直講到地球滅亡的四十多億年的時間，可見這兩部系列作品都深具陽剛壯闊的藝術之美。尤其佩服年輕小說家張草，能夠在一個系列作品裡說完一個數十億年的故事，而且說得合情合理，真是一個說故事的高手。

## （二）同樣屬於「文以載道」的藝術類型

本文所討論的兩個故事都屬於「文以載道」的藝術類型，都是「有話要說」的作品形式，但，即像前文說過的，《明日滅亡》的「道」比較受限於現成的佛理，而不若卡德在安德的故事中所要說的「道」，表現出更多的人文關懷及個人看法，也因此更生活化、更有血肉，所以卡德小說的「道」比起張草小說的「道」，似乎更少些傳「道」的說教意味。

## （三）同樣關懷「天才型態」的有情心靈

天才兒童或天才少年都是這兩位小說家的故事裡的主流人物。譬如安德、彼得、華倫婷、娜溫妮阿、正思、沙也加（正思的愛人）、法地瑪（正思之女）、那由他

（正思之子）等等，都是才華橫溢的天才心靈，也同樣
都是受盡磨練的苦痛之子。但，如前所述，《明日滅亡》
的討論核心在佛理，對天才心靈的關懷，似乎也不如《戰
爭遊戲》與《死者代言人》的探索來得深邃。

## （四）同樣懷抱宗教救贖的終極理想

《戰爭遊戲》與《死者代言人》充斥著基督教的理
念與氣氛，《明日滅亡》講論成、住、壞、空的佛理，
這三部作品都飽含著濃濃的宗教救贖及終極關懷的情
調。在通俗小說裡「傳教」，還真是不多見的例子。

## （五）同樣做到深入淺出的通俗魅力

最後，卡德與張草這兩位小說家還有一個共同的特
點 ── 他倆的作品不但印證了科幻小說可以寫得很嚴
肅，而且進一步證明了嚴肅的科幻小說也可以寫得很好
看；筆者常常說《戰爭遊戲》與《死者代言人》是科幻
小說的「文藝版」，那麼《明日滅亡》就是科幻小說的
「佛學版」了；這三部作品不只是「有話要說」，而且
也讓讀者「有戲好看」；這兩位小說家能夠把通俗小說
寫得深刻，又能將深刻的內涵用淺近的方式表現，真可
謂做到了從「由淺入深」到「深入淺出」，同時兼顧了
小說世界的深度與市場、藝術與娛樂。

感謝卡德與張草，幫助我看到了科幻小說的深刻性
與可能性；跟所有偉大的作品一樣，優秀的科幻小說同

樣具有讓生命沉思、讓靈魂悸動的藝術效果。

　　（本文原發表於《華梵人文學報》第十一期，
　　華梵大學文學院，民國 98 年 1 月出版。）

# 附錄一：武俠小說與科幻小說的

# 創作元素

在第一篇附錄裡，嘗試簡介這兩種類型小說的定義及創作元素。

▲ 武俠小說的創作元素

武俠小說是中國文化特有的小說藝術形式，另一個例子：書法藝術，也是。

**武**　這個元素包含了中國人的武術、氣功、養生術、人生觀、哲學觀……等等的思想觀念。

　　一個例子：一部港劇中的武功描寫 ── 無情劍→有情劍→忘情劍。

　　深層的意義是 ── 超凡入聖→超聖入凡→凡聖兩忘。

**俠**　俠的文學，即是浪漫主義文學。

　　表現在三個方面，俠

　　→內　殉道者情懷。

　　　　「俠客就是一個選擇不跟自己講義氣的

　　　　　人。」

→外　　人間正義公理的私刑化、行動化。

　　　　對現實世界不公不義情緒的文學性宣洩。

　　　　ex：九把刀小說〈殺手・月〉

→情　　極限情境中的浪漫愛情世界。

　　　　在極險惡的困陷中反而激發出愛情的輝

　　　　煌。ex：《神鵰俠侶》

**小說**　有天才的詩人 —— 寫詩靠「敏銳的直覺」。

　　　　沒有天才的小說家 —— 寫小說必須具備深厚

　　　　的「閱歷、人情世故」。

　　　　所謂「世事洞明皆學問，人情練達即文章。」

　　　　武俠小說也是一種廣義的「寓言小說」。

## 寓言小說

　武俠小說的「寓言」的「文字密碼」主要表現在三

個方面：

人名、武功、思想。

### 「人名」的例子

ex：《射鵰英雄傳》裡的歐陽「鋒」→歐陽「瘋」

　　其實是一個失心瘋但本來聰明絕頂的人。譬

　如：破解打狗棒法。

　深層意義是講一個人在追求虛妄的名位中喪失了

　自我。

　最後在找到「真我」裡得到解脫。

　　　　「誰是拜雅札 ——

　　　　一天，有人來敲門。拜雅札問道：

　　『找誰？』

　　訪者答：

　　『拜雅札。』

　　拜雅札答道：『我，也在找拜雅札，

　　　　　　　　已經找了三十年，尚未

　　　　　　　　找到。』」

　　（郭靖也曾經迷失自我，大正大邪的

　　人物都會碰到這一關。）

ex：《書劍恩仇錄》裡的文泰來 —— 否極泰來。

ex：《俠客行》裡的白自在 —— 白白自在一場了。

ex：《天龍八部》裡的阿朱阿紫 —— 出自《論語》：

　　「惡惡紫之亂朱也。」

　　朱：正紅、正色。

　　紫：似朱而非。

## 「武功」的例子

ex：張無忌練乾坤大挪移

　　張無忌以九陽神功為根柢，前代教主數十年苦
　　練不成的奇功，幾個時辰就練成了，因為要以
　　深厚內力為根本。書中比喻：像七、八歲小孩
　　揮舞百斤大鐵鎚，鎚法愈是精微奧妙，愈會打
　　得自己頭破血流；若舞鎚者是個大力士，就得
　　其所哉了。其實是講「本末」的道理。《大學》：
　　「物有本末，事有終始，知所先後，則近道矣。」

意思指多少聰明的年輕人短線炒作、急功近
利、玩愛情遊戲……等於多少人強練乾坤大挪
移而走火入魔。而且第七層有十九句張無忌沒
練成，那是前代高人創製神功時想錯的部分，
張無忌的「知足不辱」，是道家思想。《老子》：
「聖人後其身而身先，外其身而身存，非以其
無私耶，故能成其私。」

ex：段譽的六脈神劍

在小說中段譽的六脈神劍時靈時不靈，要用時
常不靈，有時又如有神助。其實是比喻心靈。
人的心，未經過修養，有時清明，有時障蔽。
像一間熟悉的房子，不用看，也一清二楚；如
果突然斷電，還是記得明亮時的樣子；但一糊
塗，仍會被絆倒；這時便需要找手電筒或蠟燭
（方便法門）暫時照明一下。

ex：令狐沖的獨孤九劍 —— 以無招勝有招

無招勝有招就是無執之劍。道家思想：「以無
為用。」「無為而無不為。」令狐沖、盈盈是
隱士 —— 自在人，使的也是自在劍。「縱橫自
在無拘礙」，道家嚮往的生命境界。

**「思想」的例子**

ex：「射鵰」的主題 —— 一個儒家人物的成長。
「神鵰」的主題 —— 情書。
「倚天」的主題 —— 人性與才氣的光華在大時

代權謀中的璀璨與失落。

「連城」的主題 —— 險惡世間。

「笑傲」的主題 —— 在險惡人世、權力鬥爭中的真性情。

## ▲ 科幻小說的創作元素

一、機關佈景的元素 —— 譬如：機器人、外星生物、時光旅行、銀河帝國、冬眠技術……是科幻小說常用的機關佈景。所謂「硬科幻」的部分。

二、知性元素 —— 科幻小說是知性文學、機智的文學。也許，是男性文學？風象星座文學？

三、疏離的想像與美學元素 —— 也是一種想像力的傳統。

四、異鄉（人、世界）的經驗 ——「人性深處的孤獨感與寂寞感」是一個經常處理的題材。

五、文以載道的元素 —— 還是言志、說情、人性、生命本身的力量……


**一、二：「科」的元素**

**三　　：「幻」的元素**

**四、五：「人性」的元素** —— 小說及任何形式的藝術離不開人性問題的處理，「人性」的關懷，是始點，也是最後的終點。

# 附錄二：武俠小說與科幻小說
# 名家簡介

　　在這篇附錄裡，一一簡介三位武俠小說與五位科幻小說著名作家的生平事略及寫作風格，作為作品賞讀的背景資料。

## ▲ 金、溫、黃的時代背景與藝術風格

**金**　金庸，原名查良鏞＼一九二四年生＼報老闆、媒體人＼經歷抗日、國共　內戰，避居海外，聽聞中共政權「文化大革命」荒謬的亂世事件（主要創作時期也是從一九五五到七二年間）→影響作品的批判性（ex：《笑傲江湖》的日月神教與《鹿鼎記》中的神龍教，都是諷刺中共的筆法）與悲劇性（不完美結局與不完美人物）＼歷史系＼寫實主義風格。

**溫**　溫瑞安，一九五四年生於馬來西亞＼詩人出身、文學青年、專業作家＼在台灣經歷政治迫害＼後定居香港→作品中有明顯中國思想與藝術、現代

文學、與諷刺現實的元素＼中文系＼抽象主義風
格。

**黃**　黃易，香港中文大學藝術系＼一九八九年離開代
理藝術館長高薪要職，隱居離島深山專心著作→
明顯將真理追尋（ex：《翻雲覆雨》）與完美人
格（《破碎虛空》的傳鷹）等藝術元素注入通俗
小說中＼藝術系＼寫實主義風格。

## ▲ 三大科幻巨匠

英文寫作界三大科幻巨匠：

1.艾西莫夫 ── 通過睿智知性的筆鋒寫波瀾壯闊的
　　　　　　　銀河帝國興亡史
　　　　　　　科幻大師中的史學家

代表點子：機器人定律、心靈史學、心靈力量、蓋
　　　　　亞……

代表作品：機器人系列、基地系列、帝國系列

舉例：基地系列中《基地邊緣》之「序幕」

2.克拉克 ── 高級生靈造訪地球的宇宙史詩
　　　　　　詩人風格的科幻劇場
　　　　　　沉思當更進化的生命形式遇上地球人會
　　　　　　產生什麼結果？
　　　　　　科幻大師中的詩人

代表作品：太空漫遊系列、《童年末日》

舉例：太空漫遊系列中《三○○一太空漫遊》之「序

幕：長子」《童年末日》第二十章

某學生讀《童年末日》後的感言：「小孩子是現代
智人中最自由的靈魂，最接近真理的一個生命環
節。」

3.海萊因 ── 小人物奮鬥成功的科幻文學版

　　　　　　通俗、流暢、擅長引起讀者情感共鳴
　　　　　　的文字風格

　　　　　　科幻大師中的通俗文學作家

代表作品：《夏之門》、《4＝71》、《滾石家族遊
　　　　　　太空》、《銀河系公民》、《嚴厲的月
　　　　　　亮》、《星船傘兵》、《異鄉異客》……


▲ 兩位新銳名家

　一個讓人激賞的後起科幻大師：

　卡德 ── 使用兼具濃厚宗教情懷與細膩內心描寫的
　　　　　筆觸，探索不同生命經驗之間溝通、了解
　　　　　的艱困、悲辛、與莊嚴

　　　　　處女座式潔淨、細膩的寫作風格

　　　　　科幻大師中的宗教家

　代表點子：擅長處理天才兒童悲辛孤獨的內心世
　　　　　　界、兒童世界中的殘忍、以及異族之間
　　　　　　的接觸……

　代表作品：安德系列

一套本土科幻巨著的華人作家：

張草 —— 融合佛學思想與科幻情節的地球興亡史
　　　科幻大師中的學佛者

代表點子：竟然能成功將深邃的佛學思想融入通俗
　　　的科幻故事中

代表作品：滅亡三部曲 ——《北京滅亡》、《諸神
　　　滅亡》、《明日滅亡》

# 附錄三：科幻小說佳句摘錄

　　風格知性的科幻小說總是充斥著許多洗滌靈魂、啟人省思的名言佳句，所以在這篇附錄裡，筆者收集了十幾本科幻名著中的佳言哲語，再加以分類，並稍稍批點，應該能成為一篇賞心悅目、引人入勝的文字記錄。最後一段則是武俠小說的佳句摘錄。武俠文學的風格比較感性，引人注目的智性話語較少，倒是比較近期的作品由於風格更趨向現代化，「智慧之語」出現的頻率就相對提高了。

## 關於愛與歡樂

「『愛』，是另一個人的快樂對你自己的快樂舉足輕重的一種狀態。」

（按：一個很好對『愛』的定義。）

見羅伯特・海因萊因（Robert A. Heinlein 1907-1988）

《異鄉異客》（Stranger in a Strange Land）頁 481

四川科學技術出版社，2006 年 12 月初版

「忌妒是一種病，愛則是一種健康狀態。不成熟的心靈

常把兩者搞混，或者誤以為愛得愈深忌妒就愈深。但事實上，它們幾乎水火不容；其中一個不會給另一個留下什麼位置。兩者同時出現的話，便會造成難以承受的混亂……」

《異鄉異客》481

「沒錯，我認為這一切都是道德的。狂歡、毫不羞怯的性交、共同生活和無政府主義，一切。」

《異鄉異客》483

## 關於修行

「修行不是信仰；它只是一種方法，讓你在任何事情上都能高效運轉。」

《異鄉異客》559

「正思恭敬地向大迦葉頂禮，在頂禮的一剎那，他發覺他又是正思了！他剛才還以為他是大迦葉，原來他一直是正思，也從來不是正思，一直是大迦葉，也從來不是大迦葉！」

見張草著《明日滅亡》頁190

皇冠文化，2003年6月初版

# 關於無為與放下

「等待必須圓滿」

「永遠不要匆忙」　　　　　　　　　《異鄉異客》中的口頭禪


「擁有是富有的，匱乏是貧窮的。

　富有者一切都美麗，只有臉孔不美；貧窮者一切都不美，除了臉孔。

　在富者那裡看到珠寶，在貧者這裡只能看到眼睛的輝光。

　因為一無所有，生命才是自由的。

　而擁有者卻是被擁有的，被他的擁有物擁有，而且緊張的獨自守著所擁有的東西，他們活在監獄裡，眼中只看到牆。」

　　（按：上段文字是根據小說的涵義而加以改寫。）

見娥蘇拉‧勒瑰恩《一無所有》（The Dispossessed）頁 247

繆思出版，2005 年 3 月初版


「雙手必須空無一物才能實現夢想。」《一無所有》324

# 關於『當下』的智慧

「對不可避免的東西只能盡力享受 ── 真的，我一輩子
都在培養這種能力……」　　　　　　《異鄉異客》131

「我試著說，但詞語……詞語不……對。不是『放』。
不是『創造』。是『當下』。現在的世界，過去的世
界，將來的世界，都是當下。」　　　　《異鄉異客》186

「你不可能真正擁有什麼……你最不可能擁有的就是現
在……」　　　　　　　　　　　　　　《一無所有》420

「你就生活在現在待著的地方，不需要去操心過去住過
的地方或將來要去的地方。只有『這裡』才對你有意
義，才需要你努力去適應。」

見考歐森・史考特・卡德（Orson Scott Card）

《安德的影子》頁 129

四川科學技術出版社，2004 年 4 月初版

# 關於痛苦智慧

「我已和痛苦一起生活太久。沒有痛苦，我會不知道我
　是誰。」

見考歐森·史考特·卡德（Orson Scott Card）

《戰爭遊戲》頁 378

星定石文化，2005 年 5 月初版

「世間的苦難和毀滅是一種必然的循環，不足為奇，該
　做的是如何超出於恐懼之外。」　　　《明日滅亡》196

「疾病與靈藥並存於每一個心靈，死亡與救贖也同時掌
　握在每一雙手裡。」

見考歐森·史考特·卡德（Orson Scott Card）

《死者代言人》頁 261

四川科學技術出版社，2003 年 9 月初版

「黑暗裡藏著最動人的靈魂。」

見九把刀《大哥大》，蓋亞文化

「如果你逃避苦難，也就錯過了快樂的機會。你或許還
　會得到快感，許多快感，但是你的生命無法完整，你
　無法體會回家的感受。」　　　　　　《一無所有》359

# 關於助人與教育的智慧

「免費的東西呆子們才不會在意呢。」

（按：公平交易原則。）

《異鄉異客》546

「光是善是不夠的，善永遠不夠……

善與智慧是同一個東西……

僅有善是永遠不夠的。你必須同時擁有牢固、冷酷的智慧，只有這樣，好心才能實現好事。缺乏智慧的善總會造惡。」

（按：悲智雙運。）

《異鄉異客》548

「你們不欠我的。你們不可能欠我什麼，因為我從來不做任何我不願意做的事。其實人人都是如此，我的不同之處只在於我很清楚這一點，所以請不要發明一個根本不存在的人情債，不然的話，下一步你就該對我心懷感激了 —— 而感激是道德徹底淪喪的第一步。」

（按：接連幾段都是很老子的人生態度 —— 生而不有、為而不恃、功成而不居。）

《異鄉異客》139

「『感激』不過是『怨恨』的委婉說法。」《異鄉異客》139

「如果不把所謂欠我的人情的幻覺連根拔起，你會怨恨
　的。」　　　　　　　　　　　　　　　　《異鄉異客》140

「所有扭曲這個世界的胡言亂語裡頭，『利他主義』的
　概念是最糟的一種。人只幹自己想幹的事,回回如此。」
　　　　　　　　　　　　　　　　　　　　《異鄉異客》339

「不去管別人的閒事，人類一切智慧的百分之八十都濃
　縮在這句話裡。」　　　　　　　　　　　《異鄉異客》236

「革命只是我所追求的一門藝術，而不是一個非達到不
　可的目的。革命也不是沮喪之源：一項事業即使失敗
　了，也能和勝利一樣，在精神上給人以滿足。」
　　　　　　　　　　見羅伯特・海因萊因《嚴厲的月亮》
　　　　　　　　　　人物德拉帕扎教授的對白

「你無法製造革命，你只能成為革命；它就在你自己的
　靈魂內，否則它哪裡都不存在。」　　　《一無所有》324

「只要有一個好學生，當老師的就覺得過去的歲月沒有
　白費。」
　　　　　　　　　　見羅伯特・海因萊因《嚴厲的月亮》
　　　　　　　　　　人物德拉帕扎教授的對白

## 關於行動智慧

「每個人的一生之中都會遇上這樣一個時刻：他或她不
　得不以『生命、幸福和神聖的榮譽』為賭注，去豪賭
　一把。」　　　　　　　　　　　　　　　《異鄉異客》77

「直覺是人類心靈特有的一種藝術。根據本身並不完
　整，甚至或許誤導的資料，能夠整理出正確的答案，
　這種藝術就是直覺。」

　　　　　　　　（按：一個很好對『直覺』的定義。）

　　　　　　　見艾西莫夫（Isaac Asimov1920-1992）

　　　　　　　「基地系列」小說人物哈里・謝頓的對白

「武力是無能者的最後手段。」

　　　　　　　　　　「基地系列」小說人物哈定的名言

「不要讓道德觀阻止你做正確的事。」

　　　　　　　　　　「基地系列」小說人物哈定的名言

「任何規則都是暴政，每個人都有責任不接受任何規
　則，採取自己的行動，為自己負責。只有當個人有這
　樣的體認，社會才能保持生命、改變、適應、存活。」

　　　　　　　　　　　　　　　　　　《一無所有》386

## 關於其他的智慧與心得

「你必須相信夢想，因為有的時候，夢想必須依賴你的
　信任才能繼續存在。」

見賽門・葛林《永夜之城》

（Something from the Nightside）頁 264

蓋亞文化，2006 年 10 月初版

「成為所有的一切就是成為一部分
　真正的旅程就是回到原來的地方」

《一無所有》95

「他們認為只要人擁有足夠的東西，就會滿足地住在監
　獄裡，但我可不這樣認為。我要摧毀這些牆……」
（按：關於『自由』的沉思。葛吉夫說：每個人都是牢
　囚。）

《一無所有》151

「自由從來不是安全的。」　　　　　《一無所有》413

「傷害別人不會增加自己的力量，只會讓自己更加虛
　弱。」　　　　　　　　　　　　　《一無所有》238

「失敗是一個比成功更好的老師。」　《安德的影子》385

# 關於人性的荒謬

「有一個領域，人倒是無與倫比：他能不斷花樣翻新，
發明更大更有效的方法去自我消滅、奴役、折磨，永
遠使他成為對他自己而言最難以忍受的大禍害。在這
方面，人類所展示出來的創造性簡直沒有止境。人是
他自己最嚴酷的玩笑。」　　　　　　《異鄉異客》190

「人是會哈哈大笑的動物。」　　　　　《異鄉異客》190

「只要能靈悟笑聲，就能靈悟人類。」《異鄉異客》411

「人們為什麼要笑。他們笑是因為痛……因為只有笑才
能讓他們不再痛苦。」　　　　　　　《異鄉異客》415

「我看到了我的同胞，看到了他們所有的卑劣、殘忍和
種種完全無法解釋的東西 —— 那一瞬間我痛徹心肺，
然後就發現自己正在放聲大笑。」

《異鄉異客》416

「我們從不質疑自己完全相信的東西。」

（按：人性中根深蒂固的我執與頑固）

《死者代言人》257

# 一些武俠小說的佳句

「當你經歷過很多事，轉瞬間卻發現那些事已成為過去；當你愈見過很多人，回首時，那些人已是曾經。」

《浩然劍》

「白雲相送出山來，滿眼紅塵撥不開；莫謂城中無好事，一塵一剎一樓臺。

來時無跡去無蹤，去與來時事一同。何須更問浮生事？只此浮生是夢中。」

（按：兩首意境深遠的禪詩）

《浩然劍》

「沒真本事的人才會不懂尊重別人！」

見黃健《王雨煙》

明日工作室，2009 年 3 月初版

「你看到平常心了麼？

我只看到水瓢在地上打轉。

這就是平常心！

觸著即轉！

觸著即轉是太極拳的力學，不料被和尚做了禪學。

我們能化掉敵人的拳勁，

和尚卻能化掉整個世界。

平常心即是觸著即轉之心。

柳生原傳劍法有一句口訣 ── 出劍的時刻，便是忘記
這一劍的時刻。……禪法也是要心無罣礙，即時即興
地面對世界。」

見徐皓峰《道士下山》頁 144

大塊文化，2009 年 5 月初版

「中國有一句老話 ── 功大欺理。功夫大了，可以超出
常理。」 《道士下山》179

# 後　記

　　這五篇文章都是舊作。大約是在 2007 至 2009 年間
發表的作品，想起那段時間，正是為研究工作打拼得最
厲害的日子，在極辛勤的工作期間，我挑選了自己最喜
愛的領域，小說研究。

　　後來在 2013 年出版了《小說之道》，本來以為這應
該是我唯一的小說研究專書了，沒預計到還有機會出版
這本《天真之旅》，真像一個計畫之外的驚喜。尤其這
五篇論文是我最喜歡的兩個小說文類(武俠小說與科幻
小說)的分析研究，整理結集，感覺上對得起這些陪我度
過無數美好閱讀時光的老友們了。

　　當然還是有遺珠。像金庸的名著《天龍八部》、武
俠小說中的決鬥場境、酒徒的「隋唐三部曲」、艾西莫
夫的「基地系列」與《正子人》、克拉克的《童年末日》、
劉慈欣的「三體三部曲」、科幻小說中的愛情作品及議
題等等，都是筆者很想評論但尚未為文的心愛作品與閱
讀經驗。那只好留到下一次的寫作機緣與衝動了，也許，
寫一個單本小說書評的系列，是一個懸念在未來時空的
不錯誘餌。　　　　　　　　　　　　2015/10/29 深秋